Markus C. Zschaber

Abgeltungssteuer – na und!

W0195589

Abgeltungs-
steuer
– na und!

So schützen Sie Ihre Finanzen vor dem Fiskus

Markus C. Zschaber

FinanzBuch Verlag

Bibliografische Information der Deutschen Bibliothek:
Die Deutsche Bibliothek verzeichnet diese Publikation in der
Deutschen Nationalbibliografie; detaillierte bibliografische Daten
sind im Internet über **http://dnb.ddb.de** abrufbar.

Gesamtbearbeitung: Druckerei Joh. Walch, Augsburg
Lektorat: Ina Elisabeth von Gerlach
Covergestaltung: Melanie Feiler
Druck: Druckerei Joh. Walch, Augsburg

Markus C. Zschaber · Abgeltungssteuer – na und!
1. Auflage 2008
© 2008
FinanzBuch Verlag GmbH
Nymphenburger Straße 86
80636 München
Tel. 089 651285-0
Fax 089 652096

Alle Rechte, einschließlich derjenigen des auszugsweisen Abdrucks
sowie der photomechanischen und elektronischen Wiedergabe, vorbehalten.
Dieses Buch will keine spezifischen Anlageempfehlungen geben und
enthält lediglich allgemeine Hinweise.
Autor, Herausgeber und die zitierten Quellen haften nicht für etwaige Verluste,
die aufgrund der Umsetzung ihrer Gedanken und Ideen entstehen.

Für Fragen und Anregungen:
zschaber@finanzbuchverlag.de

ISBN 978-3-89879-389-6

Weitere Infos zum Thema:
www.finanzbuchverlag.de
Gerne übersenden wir Ihnen unser aktuelles Verlagsprogramm

Inhaltsverzeichnis

Vorwort

Liebe Leserinnen, liebe Leser,

es ist längst beschlossene Sache: Die Abgeltungssteuer auf Kapitalerträge kommt ab dem Jahr 2009. Das wissen inzwischen zwar die meisten Bürgerinnen und Bürger, aber wie immer bei steuerlichen Themen verstehen die Betroffenen zunächst einmal nur »Bahnhof«. Zwar wurde die Abgeltungssteuer mit dem Ziel eingeführt, das Steuersystem für Geldanlagen zu vereinfachen. Doch ist gerade vielen privaten Sparern und Anlegern nicht klar, wie sich die Abgeltungssteuer auf ihre persönlichen Ersparnisse und auf ihr Depot auswirken wird und welche Kapitaleinkünfte überhaupt davon betroffen sein werden.

Dabei drängt die Zeit: Ab dem Jahr 2009 kommt die Abgeltungssteuer. Das heißt, Sie sollten die Weichen für Ihre persönliche Geldanlage und Altersvorsorge noch vorher, also in diesem Jahr, stellen. Als Anleger und Sparer können Sie noch viel tun, um der ungeliebten Steuer zu entgehen – oder von ihr zu profitieren, wenn sie niedriger liegt als das, was Sie nach dem derzeitigen Steuersystem zahlen müssen.

Dieses Buch richtet sich in erster Linie an Laien, die sich nicht tagtäglich mit Finanzanlagen und ihren steuerlichen Auswirkungen auseinandersetzen. Aber auch für Finanzberater, die ihren Kunden die komplizierten Auswirkungen der Abgeltungssteuer anschaulich erklären wollen, ist dieser Ratgeber gedacht. Er erklärt – allgemein verständlich und mit vielen Beispielen und Praxistipps – wie man als Anleger sein Depot und seine Geldanlagen optimal auf die kommende Steuer vorbereitet und worauf es bei den einzelnen Anlageklassen, Wertpapieren und Konten ankommt*.

Markus Zschaber
V.M.Z. Vermögensverwaltung, Köln

---

* *Der Stand aller Angaben in diesem Buch ist der 31. Januar 2008 (Redaktionsschluss). Etwaige spätere Änderungen wurden nicht berücksichtigt.*

Teil I
Abgeltungssteuer – warum überhaupt? Die Vor- und Nachteile

Der Gedanke, eine Abgeltungssteuer einzuführen, ist eigentlich nicht abwegig. Dahinter steckt der Gedanke, alle Kapitalerträge – gleichgültig, ob es sich etwa um Gewinne aus Kurssteigerungen, um Zinserträge oder Dividenden handelt – dem gleichen Steuersatz von 25 % (plus Solidaritätszuschlag und ggf. Kirchensteuer) zu unterwerfen. Das bedeutet eine Vereinfachung – für das Finanzamt ebenso wie für die betroffenen Anleger.

So bringt die Abgeltungssteuer viele Vorteile. Ein ähnliches System mit unterschiedlichsten Steuersätzen wird mit Erfolg bereits in Ländern wie beispielsweise Österreich, Finnland, Luxemburg, Italien oder Portugal praktiziert. Speziell das deutsche Modell der Abgeltungssteuer bringt aber auch einige Nachteile mit sich.

Vorteile für Privatanleger: Gleichbehandlung, Vereinfachung und keine Steuerprogression

Mit Einführung der Abgeltungssteuer wird eine Ungleichbehandlung einzelner Geldanlagen vermieden. Anleger können unabhängig von der steuerlichen Wirkung entscheiden, in welcher Form sie ihr Geld investieren möchten. Sie versteuern alle Kapitaleinkünfte einheitlich mit dem gleichen Prozentsatz.

Außerdem sind Privatanleger künftig in aller Regel von der Pflicht befreit, ihre Kapitaleinkünfte extra in der Steuererklärung anzugeben. Denn die Banken werden alle relevanten Steuern einfach einbehalten und sie anonym ans Finanzamt abführen. Damit werden dann alle steuerlichen Pflichten für Privatanleger erledigt sein, ihre Steuerschuld ist damit – zumindest in Bezug auf die Kapitalerträge – ein für allemal abgegolten (daher der Name »Abgeltungssteuer«).

Noch in einer weiteren Hinsicht wird sich die Abgeltungssteuer positiv auswirken: Da die Kapitaleinkünfte nicht erklärt werden müssen, erhöhen sie auch nicht das zu versteuernde Einkommen. Was in steuerlicher Hinsicht schlicht und einfach bedeutet: Wer hohe Kapitaleinkünfte hat, wird ab 2009 dadurch keinen höheren persönlichen Steuersatz hinnehmen müssen. Die Kapitaleinkünfte tragen dann nicht mehr zur Progression bei.

Die Hauptkritikpunkte an der Abgeltungssteuer: Hoher Steuersatz und viele Ausnahmen

Aber Deutschland wäre nicht Deutschland, wenn es nicht auch bei der Abgeltungssteuer einige Ausnahme- und Sonderregelungen gäbe. In einem Land, über dessen Steuerrecht 60 % bis 70 % der weltweiten Steuerliteratur publiziert wird, geht es offenbar nicht ohne spezifische Detailregelungen. Es wäre auch zu schön gewesen, wenn der Gesetzgeber mit der Abgeltungssteuer ein einfaches, nachvollziehbares und leicht anwendbares System geschaffen hätte. Dass dies nicht so ist, merken Sie schon allein daran, dass sich über dieses Thema ein ganzes Buch schreiben lässt, nämlich jenes, das Sie gerade in den Händen halten.

So bezieht sich die Kritik an der kommenden Abgeltungssteuer zum einen auf die Höhe der Abgeltungssteuer (ein Steuersatz von 25 % plus Solidaritätszuschlag plus Kirchensteuer ist im internationalen Vergleich recht ambitioniert), zum anderen an der Vielzahl von Sonder- und Ausnahmeregelungen.

Wer sind die Profiteure? Wer die Leidtragenden?

Der Otto-Normalverbraucher wird von der Abgeltungssteuer profitieren. Denn die meisten Bürger in Deutschland haben ihr Geld vorwiegend in festverzinsliche Geldanlagen gesteckt. Ob Sparkonten, Sparbriefe, Bundesschatzbriefe, Rentenfonds oder Tagesgeld: Diese beliebten Investments werden künftig, wenn überhaupt, mit einem niedrigeren Prozentsatz besteuert als bisher. Denn nach wie vor soll es einen Sparerfreibetrag geben, der künftig Sparerpauschbetrag genannt wird.

Von der Abgeltungssteuer profitieren werden ebenfalls Spekulanten und Kurzfrist-Trader, die ihre Kursgewinne schon innerhalb von einem Jahr realisieren. Die Besteuerung dieser Kursgewinne wird sich auf den Abgeltungssteuersatz beschränken. Das, was man gemeinhin als »Spekulationssteuer« bezeichnet – die Besteuerung privater Veräußerungsgewinne innerhalb der Spekulationsfrist mit dem persönlichen Einkommensteuersatz – wird ab 2009 bei den meisten Geldanlagen entfallen.

Die Leidtragenden der Abgeltungssteuer sind dagegen all jene Anleger, die ihr Geld längerfristig an der Börse investiert haben, die ihre Wertpapiere also länger als ein Jahr halten. Denn der wesentliche Bestandteil ihrer Erträge, die Kursgewinne von Aktien, Aktienfonds und vielen bislang steuerfreien Zertifikaten, wird ab 2009 – im Gegensatz zu bisher – nicht mehr steuerfrei bleiben. Verhindern können Sie dies aber, wenn Sie noch rechtzeitig im Jahr 2008 die Weichen richtig stellen.

Machen Sie sich daher mit den Einzelheiten der kommenden Abgeltungssteuer vertraut. Dann sind Sie schnell in der Lage, noch 2008 die in steuerlicher Hinsicht richtigen Entscheidungen für Ihre persönliche Geldanlage und finanzielle Vorsorge zu treffen. Alles, was Sie wissen müssen, finden Sie in den folgenden Kapiteln.

Teil II
Was ab 2009
in Sachen Abgeltungssteuer
auf Sie zukommt

In diesem Teil können Sie sich einen Überblick über alle Regelungen verschaffen, die ab dem Jahr 2009 auf Sie zukommen. Die Erklärungen orientieren sich an den wichtigsten Fragen, die im Zusammenhang mit der Abgeltungssteuer auftauchen.

Ab wann kommt die Abgeltungssteuer?

Die Abgeltungssteuer wird ab dem Jahr 2009 eingeführt. Für früher gekaufte Wertpapiere gilt eine Übergangsfrist bis zum 31. Dezember 2008. Was Sie bis dahin gekauft haben, bleibt in aller Regel und mit nur wenigen Ausnahmen – zumindest im Hinblick auf die Kursgewinne – von der Abgeltungssteuer verschont.

Begriffsverwirrung vermeiden

Die Abgeltungssteuer heißt offiziell nicht »Abgeltungssteuer«, sondern wie bisher »Kapitalertragssteuer«. Um aber Verwechslungen zu vermeiden, ist in diesem Buch ausschließlich von der »Abgeltungssteuer« die Rede, sofern das neue Steuerrecht ab 2009 gemeint ist. Das Wort »Kapitalertragssteuer« wird hier nur für das alte, bis Ende 2008 gültige Steuersystem verwendet.

Wie hoch wird die Abgeltungssteuer sein?

Ab dem 1. Januar 2009 werden die meisten Kapitalerträge einheitlich mit 25 % versteuert. Kapitaleinkünfte werden also nicht mehr wie früher nach Zinsen und Dividenden unterschieden. Zinsabschlagssteuer und Halbeinkünfteverfahren werden dann abgeschafft.

Es bleibt allerdings ab dem Jahr 2009 nicht beim Steuersatz von 25 % allein. Denn zusätzlich zur Abgeltungssteuer werden noch

• 5,5 % des Steuerbetrags als Solidaritätszuschlag und

• ggf. 8 % des Steuerbetrags als Kirchensteuer (in Baden-Württemberg und Bayern) beziehungsweise

• ggf. 9 % des Steuerbetrags als Kirchensteuer (in allen anderen Bundesländern)

abgeführt. Allerdings wird der Abgeltungssteuersatz bei Kirchenmitgliedern geringfügig reduziert. Damit wird der Nachteil ausgeglichen, dass die Kirchensteuer nicht mehr als Sonderausgabe abgezogen werden kann. Sie zahlen also mehr als nur die vielfach genannten 25 %.

Rechenbeispiel zur Höhe der Abgeltungssteuer

Angenommen, Sie erzielen im Jahr 2009 genau 1.801 Euro an Kapitalerträgen und haben den steuerfreien Sparerpauschbetrag (siehe unten) somit bereits ausgeschöpft. Von den 1.000 Euro Überschuss zahlt Ihre Bank direkt ans Finanzamt

- 25 % Abgeltungssteuer, also 250 Euro,

- 5,5 % von diesen 250 Euro an Solidaritätszuschlag, also 13,75 Euro und

Insgesamt bekommt der Fiskus also 263,75 Euro von Ihren Kapitalerträgen. Von ursprünglich 1.000 Euro bleiben Ihnen also nach Abzug der Steuern nur noch 736,25 Euro, die die Bank an Sie ausschüttet.

Einen deutlichen Aufschlag bewirkt außerdem die Kirchensteuer, auch wenn hier zum Ausgleich des Sonderabgabenabzugs ein etwas geringerer Abgeltungssteuersatz gilt. Insgesamt werden ab 2009, je nach Kirchenzugehörigkeit und Bundesland, folgende Prozentsätze von Ihren Kapitalerträgen an den Fiskus abgeführt:

- 26,375 % (Nicht-Kirchenmitglieder),

- 27,81 % (Kirchenmitglieder in Baden-Württemberg und Bayern) oder

- 27,98 % (Kirchenmitglieder in anderen Bundesländern).

Welche Erträge fallen unter die Abgeltungssteuer?

Ab 2009 wird es egal sein, ob Sie Ihre Kapitalerträge in Form von

- Kursgewinnen,
- Spekulationsgewinnen,
- Dividenden,
- Zinserträgen,
- Bonuszahlungen oder
- Währungsgewinnen

21

erzielen. Kursgewinne versteuern Sie beim Verkauf oder bei Fälligkeit des jeweiligen Wertpapiers. Ausschüttungen wie Dividenden und Zinserträge versteuern Sie jeweils zu dem Zeitpunkt, an dem sie Ihnen zufließen beziehungsweise gutgeschrieben werden.

Es wird auch nicht darauf ankommen, welche Anlageformen Sie gewählt haben – ob Sie etwa in Aktien, Fonds oder Anleihen investiert haben, ob Sie Bundesschatzbriefe gekauft oder Ihr Geld auf Spar- oder Tagesgeldkonten angelegt haben. Alle Kapitalerträge, gleichgültig woher, werden einheitlich mit 25 % (plus Solidaritätszuschlag plus ggf. Kirchensteuer) besteuert.

Ausnahmen, die nicht unter die Abgeltungssteuer fallen

Ausgenommen von der Abgeltungssteuer sind auch weiterhin

* Kursgewinne von Wertpapieren, die Sie vor Ende des Jahres 2008 gekauft haben (außer Zertifikate)

* Immobilien,

* Gold, Silber, Platin, Palladium (Barren oder Münzen),

* Antiquitäten, Münzsammlungen, Kunstwerke etc.,

* Riester-Verträge (gleichgültig ob Rentenversicherungen, Fondspolicen, Fondssparpläne oder Banksparpläne),

* Rürup-Verträge (gleichgültig ob Rentenversicherungen oder Fondssparpläne),

* Erträge aus geschlossenen Fonds (z. B. Schiffsfonds),

* Leistungen aus der betrieblichen Altersvorsorge (gleichgültig ob Direktversicherung, Pensionskasse, Pensionsfonds, Unterstützungskasse, Direktzusage),

* unter bestimmten Bedingungen auch Kapitallebens- und Rentenversicherungen, die Sie vor 2005 abgeschlossen haben,

- Kapitalerträge aus Land- und Forstwirtschaft, Gewerbebetrieb, selbstständiger Arbeit, Vermietung und Verpachtung und

- Zinsen aus Gesellschafterdarlehen (aus Darlehensverträgen zwischen nahestehenden Personen).

Diese Einkünfte werden auch nach Einführung der Abgeltungssteuer nach den bisherigen Steuervorschriften veranlagt.

Details zu den einzelnen Anlageklassen (Aktien, Anleihen, Fonds, Festgeld, Bundesschatzbriefe etc.) lesen Sie im nächsten Teil dieses Buches. Dort finden Sie zu jeder Geldanlage einen Vergleich der Besteuerung nach altem Recht (Halbeinkünfteverfahren, Zinsabschlagssteuer etc.) mit der nach neuem Recht (Abgeltungssteuer). Dann können Sie entscheiden, wo für Sie noch 2008 Handlungsbedarf besteht.

Welche Übergangsfrist bleibt den Anlegern?

Als Anleger haben Sie noch Zeit bis zum 31. Dezember 2008. Alle Wertpapiere, die Sie bis dahin in Ihr Depot legen, bleiben steuerfrei, zumindest, was die Kursgewinne angeht.

Einen Sonderfall bilden allerdings die Zertifikate (beispielsweise Discount-, Bonus-, Index- oder Hebelzertifikate). Denn diese fallen in der Regel unter die Abgeltungssteuerpflicht, selbst wenn Sie sie schon vor 2009 gekauft haben. Verschont bleiben nur Zertifikate,

- die Sie spätestens am 14. März 2007 gekauft haben (an diesem Tag beschloss das Bundeskabinett die Einführung der Abgeltungssteuer) oder

- die sie spätestens am 30. Juni 2009 wieder verkaufen.

23

Zinsen und Dividenden werden ab 2009 auch bei Alt-fällen versteuert

Aber aufgepasst: Zwar bleiben die Kursgewinne von Wertpapie-ren, die Sie noch vor dem 1. Januar 2009 erwerben, steuerfrei. Das gilt aber nicht für Dividenden und Zinsausschüttungen. Solche Erträge, die nach dem Jahreswechsel 2008/2009 fließen, fallen dann unter die Abgeltungssteuer.

Eine anlegerfreundliche Ausnahmeregelung gilt auch für Finanz-innovationen (z. B. Garantiezertifikate oder Zero Bonds). Kurs-gewinne dieser Papiere müssen Sie bislang mit dem vollen Ein-kommenssteuersatz versteuern. Hier werden auch Käufe aus den Jahren vor 2009 künftig mit der Abgeltungssteuer belegt. Mit Einführung der Abgeltungssteuer müssen also selbst Altfälle nicht mehr mit dem persönlichen Einkommensteuersatz ver-steuert werden, sondern für sie gilt dann – unabhängig vom Kaufzeitpunkt – der günstigere Abgeltungssteuersatz.

Was passiert mit der Spekulationsfrist? Kommt es künftig noch auf die Haltedauer an?

Nach dem derzeit gültigen System bleiben Kursgewinne nur dann steuerfrei, wenn Sie das betreffende Wertpapier länger als ein Jahr gehalten haben. Dagegen müssen Sie alle Wertpapiere, die Sie binnen eines Jahres ge- und wieder verkauft haben, mit Ihrem persönlichen Einkommenssteuersatz versteuern (es sei denn, sie bleiben unter der Freigrenze von 512 Euro.). Erreichen Sie die Freigrenze, dann zählen Ihre gesamten Kursgewinne als »privates Veräußerungsgeschäft« und damit als steuerpflichtiger Spekulationsgewinn.

Diese Regel wird nach Einführung der Abgeltungssteuer entfal-len. Steuerfreie Spekulationsgewinne (»Gewinne aus privaten Veräußerungsgeschäften«) gibt es dann bei Wertpapieren nicht mehr. Es wird nicht mehr von Belang sein, wie lange Sie ein Wertpapier im Depot gehalten haben. Bei Veräußerung werden auf die Gewinne immer 25 % Abgeltungssteuer (plus Soli plus ggf. Kirchensteuer) fällig. Mehr zahlen Sie aber nicht, auch dann nicht, wenn Sie ein Wertpapier bereits innerhalb der Jahresfrist wieder verkaufen. Die früher übliche Spekulationsfrist spielt dann bei Wertpapieren keine Rolle mehr.

Exkurs: Was ist der persönliche Einkommenssteuersatz?

Der persönliche Einkommenssteuersatz ist der Prozentsatz, mit dem Sie Ihr Einkommen beim Fiskus versteuern müssen. Dieser Prozentsatz ist nicht einheitlich, sondern fällt umso höher aus, je höher Ihr Einkommen ist. Der maximale persönliche Einkommenssteuersatz liegt derzeit (im Jahr 2008) bei einem Grenzsteuersatz von 45 %.

Wird es gar keine Spekulationsgewinne mehr geben?

Doch. Aber nur bei Geldanlagen, die nicht unter die Abgeltungssteuer fallen. Spekulationsgeschäfte (»private Veräußerungsgeschäfte«) sind vor allem der Verkauf von:

• Immobilien: Hier gilt nach wie vor eine Spekulationsfrist von 10 Jahren (Ausnahme: selbstgenutzte Immobilien, die im Jahr der Veräußerung und in den beiden vorangegangenen Jahren zu eigenen Wohnzwecken genutzt wurden.)

• Gold, Antiquitäten, Wertsachen, Kunst: Hier gilt weiterhin die alte Spekulationsfrist von einem Jahr.

Die Freigrenze für solche Spekulationsgeschäfte erhöht sich von bislang 512 Euro (bis einschließlich 2008) auf 600 Euro (ab dem Jahr 2009).

Vorsicht: Freigrenze heißt nicht Freibetrag

Es handelt es sich weiterhin nicht um einen Freibetrag, sondern um eine »Freigrenze«. Dieser Unterschied ist wichtig, denn er bedeutet: Erreichen Sie durch Spekulationsgeschäfte die Freigrenze, werden sofort alle Spekulationsgeschäfte steuerpflichtig. 599 Euro dürfen Sie also durch Spekulationsgeschäfte verdienen, ohne darauf auch nur einen Cent Steuern zu zahlen. Sind es aber 600 Euro oder mehr, versteuern Sie all diese Gewinne mit Ihrem persönlichen Einkommenssteuersatz (dieser beträgt bis zu 45 %).

Wer führt die Abgeltungssteuer ans Finanzamt ab?

Die Abgeltungssteuer führen nicht Sie, sondern Ihre Bank oder Fondsgesellschaft als sogenannte Auszahlungsstelle ans Finanzamt ab. Sie zahlt ihnen den Kapitalertrag aus oder schreibt ihn auf Ihrem Konto gut, behält aber davon den Abgeltungssteuerbetrag (plus Soli plus ggf. Kirchensteuer) ein und leitet ihn an den Fiskus weiter. Deshalb spricht man hier von einer »Quellensteuer«. Sie wird sofort an der Quelle erhoben, sprich: bei der Auszahlungsstelle und nicht im Nachhinein bei Ihnen als Anleger.

Bleibt der Sparerfreibetrag erhalten?

Ja, aber in abgewandelter Form als so genannter Sparerpauschbetrag.

Zum Hintergrund: Nach bisherigem Recht müssen Sie Zinseinkünfte bis zu einer Höhe von 750 Euro (bei zusammen veranlagten Ehepaaren bis 1.500 Euro) überhaupt nicht versteuern. Dieser steuerfreie Betrag steht noch bis 2008 jedem Sparer jährlich zur Verfügung. Dazu können Sie Ihre Werbungskosten (z. B. die Reisekosten zur Hauptversammlung einer AG, deren Aktien sie besitzen, oder die Kosten für Fachliteratur) ebenfalls steuerlich geltend machen. Haben Sie solche Werbungskosten nicht, bleibt Ihnen zumindest die Werbungskostenpauschale in Höhe von 51 Euro (Verheiratete 102 Euro).

In modifizierter Form bleiben Ihnen Sparerfreibetrag und Werbungskostenpauschale auch ab dem Jahr 2009 erhalten. Allerdings werden sie zusammengelegt und heißen dann Sparerpauschbetrag. Die Höhe bleibt gleich, nämlich insgesamt 801 Euro (Verheiratete: 1.602 Euro). Doch wird sich noch etwas ändern: Der neue Sparerpauschbetrag wird nicht nur für Zins- und Dividendeneinkünfte gelten, sondern auch für alle anderen Kapitalerträge, die von der Abgeltungssteuer betroffen sind, also beispielsweise auch für Kursgewinne.

801€ = Steuerfrei (FSA)

Der Sparerpauschbetrag ist ein echter Freibetrag

Übrigens handelt es sich hier wirklich um einen »Freibetrag« und keine »Freigrenze«. Sprich: Bis einschließlich 801 Euro (beziehungsweise für Ehepaare 1.602 Euro) bleiben Ihre Kapitaleinkünfte auf jeden Fall steuerfrei. Erst das, was darüber hinausgeht, müssen Sie versteuern. Überschreiten Ihre Kapitaleinkünfte also die 801 Euro (bei Verheirateten: 1.602 Euro), dann wird der Sparerpauschbetrag davon abgezogen und Sie müssen nur den Rest versteuern.

Wird es den Freistellungsauftrag weiterhin geben?

Ja – er wird auch zukünftig bestehen.

Zum Hintergrund: Damit die Bank von Einkünften, die unter diesem Sparerpauschbetrag liegen, erst gar keine Steuern ans Finanzamt abführt, gibt es den Freistellungsauftrag. Er bleibt ebenfalls erhalten, wenn die Abgeltungssteuer ab 2009 kommt. Lassen Sie sich das dafür notwendige Formular bei Ihrer Bank aushändigen und füllen Sie es aus. Auf diese Weise stellen Sie sicher, dass die Bank nicht bereits auf Kapitalerträge die Abgeltungssteuer abführen muss, die Ihnen von Rechts wegen ohne den Abzug von Steuern zustehen.

**simplified
Mein Tipp**

Auf den Freistellungsauftrag zu verzichten, wäre unklug. Dann nämlich können Sie sich zuviel gezahlte Steuern nur nachträglich vom Finanzamt zurückholen, indem Sie Ihre Kapitaleinkünfte nach Ablauf eines Jahres in Ihrer Steuererklärung deklarieren. Das wäre aber mit einem Aufwand verbunden, den Sie besser gleich vermeiden. Außerdem bedeutet das Deklarieren der eigenen Kapitaleinkünfte in der Steuererklärung auch immer, dass das Finanzamt ein Recht zum Kontenabruf hat. Dieses Recht steht sonst ab 2009 in der Regel nicht mehr zu.

Müssen Kinder Abgeltungssteuer zahlen, sobald sie ein Konto oder Depot haben?

Nicht, wenn ihre Einkünfte so gering sind, dass sie gar nicht zur Steuer veranlagt werden. Dann lassen sie sich wie bisher eine Nichtveranlagungsbescheinigung vom Finanzamt ausstellen. Diese Nichtveranlagungsbescheinigung legen Sie Ihrer Bank vor. Dann braucht diese von den Konten und Depots Ihrer Kinder keine Abgeltungssteuer und auch keinen Solidaritätszuschlag sowie keine Kirchensteuer abzuführen.

Müssen Kirchenmitglieder ihrer Bank die Konfession mitteilen?

Sinnvoll ist dies, wenn Sie Ihre Kapitalerträge nicht weiterhin in der Steuererklärung angeben wollen.

Sie geben der Bank Ihre Konfession an und diese führt dann automatisch die Kirchensteuer ab. Über das Bundesamt für Finanzen wird diese dann an die Religionsgemeinschaft weitergeleitet, der Sie angehören. Beachten Sie: Diese pauschale Kirchensteuer können Sie dann aber nicht als Sonderausgabe steuerlich geltend machen.

Wenn Sie der Bank Ihre Konfession nicht mitteilen, führt diese auch keine Kirchensteuer ab. Dann besteht für Sie die Pflicht, Ihre Kapitaleinkünfte in der Steuererklärung anzugeben.

Allerdings soll es für Bankkunden ab dem Jahr 2011 eine generelle Verpflichtung geben, die Konfession gegenüber ihrem Kreditinstitut offenzulegen. Dazu soll beim Bundeszentralamt für Steuern eine Datenbank eingerichtet werden, in der jeder Steuerpflichtige mit Konfession eingetragen ist. Die Banken – so der Plan – sollen dann Zugriff auf diese Datenbank haben, um die Kirchensteuer automatisch mit der Abgeltungssteuer abführen zu können. Dieser Plan wird von Datenschützern heftig kritisiert.

Nicht-Kirchenmitglieder müssen die Kirchensteuer auch nicht zahlen. Die Bank führt dann nur Abgeltungssteuer und Solidaritätszuschlag ans zuständige Finanzamt ab.

Was bei Gemeinschaftskonten gilt

Auch von Gemeinschaftskonten wird Kirchensteuer abgeführt, wenn der Bank die Konfession der Konteninhaber bekannt ist. Dabei werden die Kapitalerträge nach Köpfen aufgeteilt und dementsprechend wird die Kirchensteuer abgeführt.

Beispiel: Ein Ehepaar hat ein gemeinsames Festgeldkonto. Er ist aus der Kirche ausgetreten, Sie ist Katholikin. Hier wird nur auf die Hälfte der Zinserträge, die auf die Ehefrau entfallen, Kirchensteuer abgeführt.

Können Werbungskosten künftig in tatsächlicher Höhe geltend gemacht werden?

Nein. Werbungskosten können Sie ab 2009 nur noch im Rahmen des oben genannten Steuerpauschbetrags steuerlich geltend machen. Es gibt also ab dann nur noch eine Pauschale unabhängig von den tatsächlichen Kosten. Sie ersparen sich damit, die Werbungskosten im Einzelnen nachzuweisen. Aber Sie haben ab 2009 auch keine Möglichkeit mehr, die Kosten in tatsächlicher Höhe von der Steuer abzusetzen.

Zum Hintergrund: Nach dem bisherigen Steuerrecht haben Sie bis einschließlich 2008 die Wahl zwischen:

• Der Werbungskostenpauschale. Das heißt: Sie nehmen die Werbungskostenpauschale von 51 Euro (Verheiratete: 102 Euro) in Anspruch. Dann brauchen Sie Ihre tatsächlichen Kosten nicht gegenüber dem Finanzamt nachzuweisen.

• Dem Einzelnachweis von Werbungskosten. Das heißt: Sie machen in Ihrer Steuererklärung alle Werbungskosten, die im Zusammenhang mit Ihren Kapitalerträgen stehen, in tatsächlicher Höhe geltend. Das bedeutet, dass Sie beispielsweise Ihre Depotgebühren, Ihre Reisekosten zur Aktionärs-Hauptversammlung oder die Kosten für Fachliteratur einzeln aufführen und diese Liste zusammen mit den zugehörigen Belegen und Quittungen ans Finanzamt senden, um ihr zu versteuerndes Einkommen zu senken.

Hohe Werbungskosten bringen keine Steuerersparnis mehr

Selbst wenn Ihre tatsächlichen Kosten sehr viel höher sein sollten als die bisher gültige Werbungskostenpauschale, können Sie diese Kosten künftig nicht mehr in voller Höhe von der Steuer absetzen. Denn mit Einführung der Abgeltungssteuer gibt es außer dem Sparerpauschbetrag keine Möglichkeit, Ihre Aufwendungen in tatsächlicher Höhe in Ansatz zu bringen. Was bedeutet: Künftig sollten Sie umso mehr auf die Ausgabenseite im Zusammenhang mit Ihren Geldanlagen achten. Denn hohe Werbungskosten fallen stärker ins Gewicht als vorher.

Im Übrigen ist eine Berücksichtigung der Werbungskosten in tatsächlicher Höhe selbst dann nicht möglich, wenn Sie Ihre Kapitaleinkünfte nach Ihrem persönlichen Steuersatz versteuern. Auch hier gilt nur der Sparerpauschbetrag.

Erfreuliche Ausnahme: Anschaffungskosten bei Wertpapieren

Immerhin ein großer Kostenblock wird auch nach Einführung der Abgeltungssteuer berücksichtigt, wenn auch nicht als Werbungskosten: die Bankspesen, Börsen- und Maklercourtage beim Kauf von Wertpapieren (auch Termingeschäfte sind inbegriffen). Solche Transaktionskosten werden künftig bei den Anschaffungskosten berücksichtigt. Was Sie also an Transaktionskosten beim Kauf und Verkauf gezahlt haben, mindert ab 2009 Ihren Gewinn und damit die Steuer, die Sie darauf entrichten müssen.

Was gilt für Kapitalerträge aus dem Ausland?

Auch auf Kapitalerträge aus dem Ausland wird ab 2009 die Abgeltungssteuer in Höhe von 25 % (plus Soli plus ggf. Kirchensteuer) fällig. Sofern Sie Ihr Konto oder Depot bei einer inländischen Bank haben, führt die Bank die Abgeltungssteuer auf ausländische Kapitalerträge ebenfalls automatisch ans Finanzamt ab.

Haben Sie dagegen Ihr Depot oder Konto im Ausland beziehungsweise bekommen Sie Ihre Kapitalerträge von

* einer ausländischen Bank,
* einer ausländischen Fondsgesellschaft oder
* der ausländischen Tochtergesellschaft einer inländischen Bank

ausgezahlt oder gutgeschrieben, wird davon keine Abgeltungssteuer einbehalten. Sie haben dann vielmehr die Pflicht, diese Erträge in Ihrer Steuererklärung (Anlage AUS für Auslandserträge) selbst anzugeben, damit das Finanzamt diese bei der Steuerfestsetzung berücksichtigt.

Was passiert, wenn auf ausländische Kapitalerträge schon EU-Quellensteuer abgeführt wurde?

Ausländische Quellensteuern (also beispielsweise die EU-Quellensteuer) haben keine abgeltende Wirkung. Im Klartext: Zwar behält die Auslandsbank auch hier einen pauschalen Prozentsatz an Steuern von Ihren Erträgen ein und führt sie (größtenteils) an den deutschen Fiskus ab. Das entbindet Sie aber nicht von der Pflicht, Ihre Kapitalerträge von Auslandskonten und -depots gegenüber dem deutschen Finanzamt zu deklarieren.

Dabei gilt: Die im Ausland auf Ihre Kapitalerträge abgeführte Quellensteuer wird in Deutschland auf Ihre Steuerschuld angerechnet. Stellt sich dann heraus, dass Sie bereits zuviel an Quellensteuer entrichtet haben, wird Ihnen die Differenz erstattet. Hat die ausländische Bank für Ihre Einkünfte dagegen zu wenig Quellensteuer einbehalten, wird der Fiskus von Ihnen eine Nachzahlung verlangen.

Bekommen Auslandsanleger ab 2009 vom Finanzamt Steuern erstattet oder müssen sie nachzahlen?

Die EU-Quellensteuer liegt

- in den Jahren 2008 bis 2010 bei 20 %,

- ab 2011 bei 35 %.

Die Abgeltungssteuer (inklusive Soli und ggf. Kirchensteuer) liegt dagegen zwischen 26,38 % und 27,98 %.

Beachten Sie allerdings: Die EU-Quellensteuer erfasst derzeit im Wesentlichen nur Zinseinkünfte, die Abgeltungssteuer dagegen wird zusätzlich auch noch auf Gewinne aus Kurssteigerungen und Dividenden erhoben.

Ob Sie vom Finanzamt Steuern zurückbekommen oder nachzahlen müssen, hängt also nicht allein von der Höhe des Steuersatzes (EU-Quellensteuer versus Abgeltungssteuer) ab, sondern ganz entscheidend auch davon, in welcher Form Sie Ihre Kapitalerträge erzielt haben. Sind es hauptsächlich Dividenden und Kursgewinne, werden Sie kräftig nachzahlen müssen. Sind es aber fast nur Zinseinkünfte, können Sie zumindest ab 2011 mit einer Steuererstattung rechnen – zumindest wenn es bei der aktuellen Regelung zur EU-Quellensteuer bleibt.

Müssen Sie künftig Ihre Kapitaleinkünfte in der Steuererklärung nicht mehr deklarieren?

In der Regel nicht. Ein wichtiges Argument für die Einführung der Abgeltungssteuer war ja die Steuervereinfachung. Ab dem Jahr 2009, so das vollmundige Versprechen der Regierung, müsse ein Bürger seine Kapitalerträge nicht mehr in der Steuererklärung angeben (außer Auslandseinkünften). Das Ausfüllen der Anlage KAP (Kapitalerträge) und ggf. SO (sonstige Einkünfte) erübrige sich, da alle Kapitaleinkünfte gleich besteuert würden und die Bank die Steuern gleich direkt ans Finanzamt abführe.

Aber keine Regel ohne Ausnahme. Nicht immer kommen Sie ab dem Jahr 2009 um die Pflicht herum, Ihre Kapitalerträge gegenüber dem Finanzamt zu erklären. Das Finanzamt verlangt die Angabe in der Steuererklärung beispielsweise,

- wenn Sie außergewöhnliche Belastungen geltend machen wollen,

- wenn Sie eine nach 2004 abgeschlossene Lebensversicherung verkaufen,

- wenn Sie Erträge auf Auslandskonten- und -depots erzielt haben (Anlage AUS).

Außerdem gibt es Fälle, in denen Sie selbst Steuern sparen, wenn Sie Ihre Kapitaleinkünfte freiwillig gegenüber dem Finanzamt erklären (mehr dazu im Abschnitt »Wann lohnt es sich, die eigenen Kapitalerträge doch in der Steuererklärung anzugeben?«).

Gibt es den Fall, dass ein Anleger mehr zahlen muss als den Abgeltungssteuersatz?

Nein, diesen Fall gibt es nicht, vorausgesetzt, Sie achten selbst darauf. Denn entweder die Bank führt für Sie die Abgeltungssteuer ab – das ist die Regel – oder Sie geben Ihre Kapitalerträge im Rahmen Ihrer Steuererklärung beim Finanzamt an. Dann haben Sie immer die Wahl,

- ob Sie Ihre Kapitalerträge nach dem pauschalen Abgeltungssteuersatz von 25 % (plus Soli plus ggf. Kirchensteuer) versteuern (das nennt sich »Veranlagungsoption zum pauschalen Steuertarif«) oder

- ob das Finanzamt dafür Ihren individuellen Steuersatz ansetzen soll (das nennt sich »Veranlagungsoption zum individuellen Steuersatz«). Dies lohnt sich natürlich nur in Jahren, in denen Ihr individueller Einkommenssteuersatz niedriger ausfällt als der Abgeltungssteuersatz (maßgeblich ist hier der Grenzsteuersatz). Sie zahlen aber auf keinen Fall mehr als den Abgeltungssteuersatz.

**simplified
Mein Tipp**

Wie niedrig müssen die eigenen Einkünfte liegen, damit der persönliche Einkommenssteuersatz unter 25 % liegt? Diese Frage liegt in diesem Zusammenhang nahe. Antwort: Wenn Sie in einem Jahr etwa 15.000 Euro (zusammen veranlagte Ehepaare: 30.000 Euro) verdient haben, liegt Ihr persönlicher Grenzsteuersatz etwa bei 25 %. In einem solchen Fall sollten Sie Ihre Kapitaleinkünfte in der Steuererklärung angeben und die Veranlagungsoption zum individuellen Steuersatz wählen.

Das können Sie auch ruhig auf Verdacht tun, denn diese Option schadet Ihnen auf keinen Fall, selbst wenn Ihr persönlicher Einkommenssteuersatz doch über dem der Abgeltungssteuer liegen sollte. Denn das Finanzamt führt automatisch eine Günstigerprüfung durch. Liegt Ihr Grenzsteuersatz unter dem der Abgeltungssteuer, zahlen Sie den persönlichen Steuersatz. Liegt er darüber, zahlen Sie die Abgeltungssteuer, aber auf keinen Fall mehr.

Kann man außergewöhnliche Belastungen geltend machen, ohne seine Kapitaleinkünfte zu deklarieren?

Nein, das geht nicht. Ob Krankheitskosten (etwa Zuzahlungen für Medikamente oder Kosten einer ärztlichen Behandlung, die die Krankenkasse nicht zahlt), Scheidungskosten oder Beerdigungskosten: Alle zwangsläufigen Aufwendungen, die höher sind als das, was ein Bürger gleicher Einkommensverhältnisse normalerweise zu tragen hat, können Sie bei der Veranlagung zur Einkommensteuer regelmäßig als außergewöhnliche Belastung geltend machen. Steuerlich anerkannt werden Beträge, die über die »zumutbare Belastung« hinausgehen. Entsprechendes gilt auch für Unterhaltszahlungen. Hier wird statt der »zumutbaren Belastung« ein Unterhaltsfreibetrag ermittelt.

Aber genau das ist der springende Punkt: Das Finanzamt muss zunächst einmal die zumutbare Belastung beziehungsweise den Unterhaltsfreibetrag ermitteln. Deshalb verlangt es, dass Sie Ihre Kapitaleinkünfte in der Steuererklärung offenlegen, wenn Sie eine außergewöhnliche Belastung steuerlich geltend machen wollen. Der Fiskus will herausbekommen, ob Sie nicht doch genügend Mittel hätten, um diese Aufwendungen auch ohne steuerliche Begünstigung aus eigener Tasche zu tragen.

Wollen Sie also erreichen, dass das Finanzamt Ihre außergewöhnlichen Belastungen steuerlich anerkennt, müssen Sie Ihre Kapitalerträge in der Steuererklärung offenlegen.

Muss jemand Abgeltungssteuer zahlen, dessen persönlicher Steuersatz unter 25 % liegt?

Nein. Die Abgeltungssteuer wird zwar zunächst von der Bank abgeführt, sofern die Kapitaleinkünfte über dem Sparerpauschbetrag liegen. Als Geringverdiener oder Person, deren persönlicher Steuersatz aufgrund hoher Verluste in einzelnen Jahren unter 25 % liegt, können Sie sich das Geld aber vom Finanzamt wiederholen.

Denn Sie haben ab dem Jahr 2009 die Option, ihre Kapitaleinkünfte mit ihrem (niedrigeren) persönlichen Einkommenssteuersatz zu versteuern statt mit dem (höheren) Abgeltungssteuersatz. Diese »Veranlagungsoption zum individuellen Steuersatz« sollten Sie schon dann wählen, wenn Sie auch nur den Verdacht haben, Ihr Einkommenssteuersatz (maßgeblich ist der Grenz- und nicht der Durchschnittssteuersatz) könnte im betreffenden Jahr unter 25 % liegen.

Entscheiden Sie sich in Ihrer Steuererklärung für diese Option, prüft das Finanzamt, was für Sie günstiger ist: Liegt Ihr persönlicher Einkommenssteuersatz unter 25 %, werden Ihre Kapitaleinkünfte danach veranlagt. Liegt er dagegen doch über 25 %, versteuern Sie Ihre Kapitaleinkünfte mit 25 %. Dann müssen Sie also für Ihre Kapitalerträge keine weiteren Steuern ans Finanzamt abführen.

Rechenbeispiel

Angenommen, Sie erzielen im Jahr 2009 Kapitaleinkünfte in Höhe von 3.000 Euro. Davon bleiben 801 Euro steuerfrei (Sparerpauschbetrag). Insgesamt müssen Sie also 2.199 Euro versteuern. Ihre Bank hat 26,375 % davon (Abgeltungssteuer plus Soli), also einen Betrag von 579,99 Euro an den Fiskus abgeführt.

Da Sie im Jahr 2009 ansonsten ein vergleichsweise niedriges Einkommen erzielt haben, geben Sie Ihre Kapitaleinkünfte in der Steuererklärung an und optieren für eine Veranlagung nach dem individuellen Steuersatz. Das Finanzamt setzt anhand Ihres Einkommens fest: Ihr persönlicher Steuersatz beträgt nur 18 % (plus Soli sind das 18,99 %). Folglich bildet das Finanzamt die Differenz:

Gezahlte Abgeltungssteuer:	579,99 Euro (= 26,375 %)
./. Steuerschuld n. pers. Steuersatz	417,59 Euro (= 18,99 %)
Auszahlungsbetrag (Steuererstattung)	162,40 Euro (= 7,385 %)

Sie haben also für Ihre Kapitalerträge im Jahr 2009 Anspruch auf eine Steuererstattung von 162,40 Euro.

Wann lohnt es sich, die eigenen Kapitalerträge doch in der Steuererklärung anzugeben?

Nicht nur für Geringverdiener mit niedrigem Einkommenssteuersatz kann es sich lohnen, die eigenen Kapitalerträge doch noch in der Steuererklärung anzugeben. Es lohnt sich auch in vielen anderen Fällen, selbst wenn Ihr persönlicher Einkommenssteuersatz über dem der Abgeltungssteuer liegt. Dann wählen Sie die »Veranlagungsoption zum pauschalen Steuersatz«. Das bedeutet: Ihr Finanzamt

- errechnet Ihre Kapitaleinkünfte aus den aus Kapitalvermögen erzielten Gewinnen und Verlusten,

- zieht davon den Sparerpauschbetrag ab und

- unterwirft den Rest dem regulären Abgeltungssteuersatz von 25 % (plus Soli plus ggf. Kirchensteuer).

Beispielsweise in folgenden Fällen kann Ihnen die Veranlagungsoption zum pauschalen Steuersatz eine Steuererstattung bringen (nicht alle denkbaren Fälle sind bei dieser Aufzählung berücksichtigt):

Fall 1: Sie haben keinen Freistellungsauftrag erteilt

In einem solchen Fall behält Ihre Bank oder Ihr Broker die Abgeltungssteuer gleich vom ersten Euro Ihrer Kapitaleinkünfte ein. Sie kommen somit nicht in den Genuss des steuerfreien Sparerpauschbetrags von 801 Euro (Verheiratete: 1.602 Euro), der Ihnen zusteht. Sie können sich die zuviel gezahlten Steuern aber nachträglich zurückholen, indem Sie Ihre Kapitaleinkünfte in der Steuererklärung deklarieren.

Fall 2: Sie haben Ihre Freistellungsaufträge nicht optimal verteilt

Das ist oft der Fall, wenn Sie Konten oder Depots bei verschiedenen Banken oder Brokern haben. Da kann es vorkommen, dass Sie bei einer Bank einen Betrag haben freistellen lassen, der die dort erzielten Kapitaleinkünfte bei weitem übersteigt. Bei einer anderen Bank haben Sie vielleicht gar keinen Freistellungsauftrag erteilt oder einen viel zu niedrigen Betrag freistellen lassen. Dann führt diese Bank die Abgeltungssteuer bereits auf Beträge ab, die eigentlich noch unter Ihrem Sparerpauschbetrag von 801 Euro (Ehepaare: 1.602 Euro) liegen. Um die zuviel gezahlte Abgeltungssteuer zurückzubekommen, müssen Sie auch hier Ihre Kapitaleinkünfte in Einzelnen deklarieren.

Fall 3: Sie machen einen Verlustvortrag aus früheren Jahren geltend

Damit sich Verluste aus den Vorjahren steuermindernd auswirken, müssen Sie Ihre Einkünfte aus Kapitalvermögen gegenüber dem Finanzamt erklären.

Fall 4: Sie erzielen bei der einen Bank Verluste, bei der anderen Gewinne

Verluste und Gewinne werden nur miteinander verrechnet, sofern sie bei einer einzigen Bank anfallen. Haben Sie aber beispielsweise Ihr Depot bei Bank A und ein Festgeldkonto bei Bank B, kann es sein, dass zuviel Abgeltungssteuer abgeführt wird.

Rechenbeispiel:

Angenommen, Sie haben Ihr Depot bei Bank A, Ihr Festgeldkonto aber bei Bank B. Im Jahr 2009 erzielen Sie mit Ihrem Depot bei Bank A ein Minus von 900 Euro*, Ihr Festgeldkonto bei Bank B wirft aber Zinserträge in Höhe von 1.200 Euro ab. Bank A führt folglich keine Abgeltungssteuer an den Fiskus ab, aber Bank B. Sie zieht von Ihren Zinserträgen den Sparerpauschbetrag von 801 Euro ab. Es bleiben 399 Euro, die mit 105,23 Euro (= 26,375 % Abgeltungssteuer inklusive Soli) versteuert werden. Die Verluste des Depots bei Bank A bleiben also unberücksichtigt.

Deklarieren Sie nun nach Ablauf des Jahres 2009 Ihre Kapitalerträge beim Finanzamt, ergibt sich steuerlich ein ganz anderes Bild:

Steuerpflichtige Gewinne (Bank B):	399 Euro
./. Verrechenbare Verluste (Bank A):	900 Euro
Differenz	-501 Euro

Unterm Strich müssen Sie also im Jahr 2009 überhaupt keine Abgeltungssteuer zahlen. Den Steuerbetrag von 105,23 Euro bekommen Sie aber nur erstattet, wenn Sie Ihre Kapitalerträge in Ihrer Steuererklärung 2009 angeben

---

* Weil Gewinne nicht beliebig mit Verlusten verrechnet werden dürfen (siehe Abschnitt Verlustverrechnung), nehmen wir hier der Einfachheit halber an, diese Verluste stammen aus Anleihen und nicht aus Aktien.

39

Fall 5: Sie spenden mehr, als Sie ohne Berücksichtigung der Kapitaleinkünfte absetzen können

Die Höhe der Spenden, die Sie steuerlich geltend machen können, ist begrenzt auf einen bestimmten Prozentsatz Ihres Einkommens (das ist je nach Art der Spenden unterschiedlich). Spenden Sie mehr als Ihr Einkommen gemäß Steuererklärung zulässt, kann das dazu führen, dass gar nicht alle Spenden steuerlich berücksichtigt werden.

Dieser Fall dürfte vor allem Menschen betreffen,

• deren Einkommen fast nur aus (abgeltungssteuerpflichtigen) Kapitalerträgen besteht oder

• deren Spenden über den absetzbaren Prozentsatz der sonstigen Einkunftsarten hinausgehen, also desjenigen Einkommens, das nicht aus Kapitalerträgen herrührt.

---

simplified
Mein Tipp

Falls Sie zu dieser Gruppe gehören, gilt: Wollen Sie ihre Spenden und Zuwendungen steuerlich geltend machen, geben Sie Ihre Kapitalerträge in der Steuererklärung an. Stellen Sie zugleich einen Antrag, die Spenden als Sonderausgabe zu berücksichtigen. Nur dann wirken sich Ihre Spenden steuermindernd aus.

Können Verluste auch künftig mit Gewinnen verrechnet werden?

Ja. Die Verlustverrechnung funktioniert ab dem Veranlagungszeitraum 2009 folgendermaßen:

Ihre Bank bildet einen Verlustverrechnungstopf. Darin summiert sie alle Verluste (»negativen Kapitaleinnahmen«) auf und verrechnet sie mit den Gewinnen (»positiven Kapiteleinnahmen«) aus dem gleichen Jahr. Bleiben danach noch Verluste übrig, werden diese automatisch in den Verlusttopf des nächsten Jahres übertragen.

Wenn Sie allerdings Verluste des laufenden Jahres mit den Gewinnen bei einer anderen Bank verrechnen möchten, müssen Sie bis zum 15. Dezember eine Verlustbescheinigung beantragen. Dann streicht die Bank diese Verluste aus ihrem Verrechnungstopf und Sie machen sie selbst in Ihrer Steuererklärung geltend. Dann allerdings müssen Sie all Ihre Kapitaleinkünfte deklarieren. Außerdem gilt: Für künftige Jahre stehen Ihnen diese Verluste dann nicht mehr zur Verfügung.

simplified
Mein Tipp

Eine solche Verlustbescheinigung sollten Sie immer dann beantragen, wenn Sie bei einer Bank Gewinne, bei der anderen aber Verluste gemacht haben. Aber Achtung: Sie müssen genau unterscheiden zwischen Verlusten aus Aktiengeschäften und Verlusten aus anderen Investments (z. B. Anleihen). Denn sie sind nicht beliebig miteinander verrechenbar (siehe unten).

Können alle Verluste aus Kapitalerträgen beliebig mit allen Gewinnen verrechnet werden?

Nein – die Verlustverrechnung hat der Gesetzgeber zu Ungunsten der Anleger stark eingeschränkt.

Zwar dürfen künftig Verluste aus der Veräußerung von Kapitalanlagen (Sprich: Kursverluste) mit Dividenden- und Zinserträgen verrechnet werden. Aber einen dicken Haken hat die Sache doch: Das gilt nicht für Kursverluste, die Sie mit Aktien erlitten haben.

Kursverluste aus Aktiengeschäften können Sie nur mit Kursgewinnen aus Aktiengeschäften verrechnen. Damit will sich der Staat absichern: Er möchte nicht die Lasten aus schlechten Börsenphasen tragen. Deshalb ist eine Verrechnung solcher Verluste etwa mit Dividendeneinkünften und Zinserträgen nicht erlaubt. Lediglich mit Aktiengewinnen können solche Verluste verrechnet werden.

In Wirklichkeit werden es zwei Verrechnungstöpfe sein

Ihre Bank wird ab dem Jahr 2009 also künftig zwei Verlustverrechnungstöpfe für Ihre Konten und Depots führen:

• Der eine erfasst Verluste aus Aktien (die wiederum nur mit Kursgewinnen aus Aktien verrechenbar sind).

• Der andere erfasst alle sonstigen Verluste Ihrer anderen Geldanlagen (beispielsweise Kursverluste oder gezahlte Stückzinsen bei Anleihen).

Was geschieht mit Altverlusten aus den Jahren bis einschließlich 2008?

Diese können Sie steuerlich in Folgejahre vortragen, allerdings nur bis zum Jahr 2013. Danach ist für Altverluste kein unbeschränkter Verlustvortrag mehr möglich.

• Zum Hintergrund: Nach bisherigem Recht können Sie Spekulationsverluste (in der Fachsprache heißen sie »Verluste aus privaten Veräußerungsgeschäften«) steuerlich geltend machen. Solche Spekulationsverluste fallen an, wenn Sie ein Wertpapier innerhalb eines Jahres ge- und mit Verlust wieder verkauft haben.

Haben Sie solche Spekulationsverluste erlitten, können Sie sie bislang in der Steuererklärung (Anlage SO) als Negativeinkünfte angeben und mit Spekulationsgewinnen verrechnen. Solche Verluste konnten sie nach altem Recht entweder ein Jahr rücktragen oder unbegrenzt in künftige Jahre vortragen.

Künftig gilt: Solche Altverluste können Sie vortragen, aber nur noch bis ins Jahr 2013. Sie haben Vorrang vor den Verlusten aus dem Verrechnungstopf der Bank. Bei der Verrechnung haben Sie zwei Möglichkeiten:

- Entweder Sie verrechnen Sie weiterhin mit Spekulationsgewinnen (sprich: mit »Gewinnen aus privaten Veräußerungsgeschäften«). Das sind dann aber nur noch Gewinne aus Immobilien, die Sie innerhalb von 10 Jahren wieder verkauft haben, oder Gold, Kunst, Antiquitäten oder Wertsachen, die Sie innerhalb von einem Jahr wieder mit Gewinn verkauft haben.

- Oder Sie verrechnen sie mit »Veräußerungsgewinnen aus Kapitalvermögen«. Darunter fallen vor allem private Veräußerungsgewinne, die Sie durch den Verkauf von Anteilen an Kapitalgesellschaften erzielen.

Nach 2013 können Sie Altverluste nur noch mit neuen Gewinnen aus privaten Veräußerungsgeschäften verrechnen. Aber Achtung: Solche neuen Spekulationsgewinne sind dann praktisch nur noch Gewinne aus Immobilien-, Gold- oder Wertsachenverkäufen innerhalb der Spekulationsfrist.

---

simplified
Mein Tipp

Voraussetzung dafür, Altverluste geltend zu machen, ist allerdings, dass Sie derartige Verluste auch tatsächlich im Jahr ihrer Entstehung in der Steuererklärung angegeben haben. Dafür bekommen Sie vom Finanzamt einen Verlustfeststellungsbescheid oder haben ihn für zurückliegende Jahre bereits bekommen. Nur mit diesem Verlustfeststellungsbescheid »retten« Sie Ihre Altverluste auch in die Zeit nach 2008 hinüber.

Was passiert bei einem Bankenwechsel?

Wechseln Sie mit Ihren Konten oder Depots zu einer anderen Bank, ist die bisherige Bank verpflichtet, die nachfolgende Bank über folgende Punkte zu informieren:

- Anschaffungszeitpunkte aller darin verbuchten Wertpapiere,

- Anschaffungskosten der einzelnen Wertpapiere, z.B. Transaktionskosten (Bankspesen und Maklergebühr für den Wertpapierkauf), Ausgabeaufschläge bei Fonds, (sie mindern bei einem späteren Verkauf den steuerpflichtigen Gewinn),

- Inhalt der Verlustverrechnungstöpfe, getrennt nach Aktiengeschäften und sonstigen Kapitalerträgen.

Sie verlieren den Steuervorteil für bis Ende 2008 erworbene Wertpapiere nicht, wenn Sie Ihr Depot auf eine andere Bank übertragen.

Gelten Schenkungen ab 2009 als Neuerwerb von Wertpapieren?

Nein, das können Sie vermeiden. Angenommen, Sie wollen Ihr Depot bereits zu Lebzeiten an Ihre Kinder oder Enkel übertragen. Dann müssen Sie nur der Bank mitteilen, dass diese Depotübertragung eine Schenkung war. Dann bleiben Kursgewinne aus Wertpapieren, die Sie bis einschließlich 31. Dezember 2008 erworben haben, weiterhin von der Abgeltungssteuer befreit, auch wenn das Depot jetzt nicht mehr in Ihrer Hand ist. Allerdings muss die Bank das Finanzamt über diese Schenkung unterrichten.

---

simplified
Mein Tipp

Bedenken Sie, dass nicht jede Schenkung steuerfrei bleibt. Dabei geht es nicht allein um die Abgeltungssteuer, sondern vor allem auch um die Schenkungssteuer. Für enge Angehörige (Kinder, Enkel) gibt es hohe Freibeträge. Aber schon bei einer Schenkung an Geschwister, Neffen und Nichten kann recht schnell eine Steuerpflicht eintreten. Das Finanzamt wird automatisch von der Bank informiert. Bevor Sie sich also vorschnell zu einer Schenkung entschließen, sollten Sie sich (rechtlich und steuerlich) beraten lassen.

Gilt eine Erbschaft ab 2009 als Neuerwerb von Wertpapieren?

Nein. Genauso wie die Begünstigten einer Schenkung werden auch die Erben behandelt. Eine Erbschaft nach 2009 stellt folglich ebenfalls keinen Neuerwerb dar, die Erben werden genauso behandelt wie der Erblasser.

Erben Sie also Wertpapiere, die vor dem 1. Januar 2009 gekauft wurden, können Sie die Kursgewinne nach einer Haltedauer von mindestens einem Jahr steuerfrei einstreichen. Allerdings greift auch hier die Sonderregelung für Zertifikate.

Banken müssen Sterbefälle ans Finanzamt melden

Aber auch hier gilt: Die Abgeltungssteuer ist nicht alles. Je nach Höhe des vererbten Vermögens und nach Verwandtschaftsgrad der Erben mit dem Erblasser kann hier Erbschaftssteuer anfallen. Die Banken sind verpflichtet, dem Finanzamt beim Tod eines Kunden unaufgefordert den Stand der Konten und des Wertpapierdepots zum Todestag mitzuteilen. Diese Pflicht besteht, sobald ein Betrag von 1.250 Euro überschritten wird. Auch ausländische Niederlassungen deutscher Banken sind von dieser Pflicht betroffen.

Wird es weiterhin Bankbescheinigungen geben?

Nein, die Bankbescheinigungen, die bisher am Jahresende erteilt wurden und Grundlage für die Besteuerung bildeten, entfallen nach Ablauf des Jahres 2008. Denn ab 2009 werden alle Steuern (sprich: die Abgeltungssteuer) ja direkt von der Bank als Quellensteuer abgeführt.

Lediglich die Verluste können Sie sich weiterhin bescheinigen lassen, wenn Sie sie in der Steuererklärung angeben möchten, um sie mit Gewinnen bei anderen Banken zu verrechnen. Dafür müssen Sie aber spätestens zum 15. Dezember des jeweiligen Jahres einen Antrag bei Ihrer Bank stellen.

Wird es den Kontenabruf weiterhin geben?

Ob die Einführung der Abgeltungssteuer Ihnen die völlige Anonymität beschert, darf bezweifelt werden. Denn der Kontenabruf wird zwar eingeschränkt, aber nicht komplett abgeschafft. Konkret: Der Gesetzgeber hat die Befugnis der Finanzbehörden eingeschränkt, Einsicht in das zentrale Kontenregister zu nehmen. Im Normalfall ist keine Kontrolle nötig und auch gar nicht mehr zulässig, da die Bank oder ausschüttende Kapitalgesellschaft alle Steuern an den Fiskus abführt.

Allerdings hat das Finanzamt und andere Behörden beispielsweise in folgenden Fällen noch ein Recht auf den Kontenabruf:

• wenn ein Steuerpflichtiger seine Kapitaleinkünfte selbst in der Steuererklärung deklariert,

• wenn ein Anleger Spekulationsverluste aus der Zeit bis einschließlich 2008 geltend macht (um die Kapitaleinkünfte und Veräußerungsgewinne bis einschließlich 2008 zu ermitteln),

• wenn ein Steuerpflichtiger staatliche Hilfen, z. B. BaFöG, Sozialhilfe, Wohngeld oder ALG II, beantragt.

Dabei gilt nach wie vor: Ein Kontenabruf ist erst dann zulässig, wenn das Finanzamt (oder eine sonstige zuständige Behörde) bei der betroffenen Person vergeblich um Auskunft ersucht hat oder wenn es sich davon ohnehin keinen Erfolg verspricht.

Im Übrigen können sich das Finanzamt und andere Behörden beim Kontenabruf nur über die so genannten Kontostammdaten informieren und nicht über den Kontostand oder über etwaige Umsätze. Depots werden gleich behandelt wie Konten.

Was sind Kontostammdaten?

Als Kontostammdaten sind abrufbar:

- die Kontonummer,

- das Datum der Eröffnungs- oder ggf. Schließung/Auflösung

- Vor- und Nachname, Adresse und Geburtsdatum des Kontoinhabers

- Vor- und Nachnamen, Adressen und Geburtsdaten aller Zugriffs- und Verfügungsberechtigten.

Teil III
Nach Asset-Klassen –
Wie sich die Abgeltungssteuer
auswirkt

»Wird's besser, wird's schlimmer, fragt man sich alljährlich.
Doch seien wir ehrlich: Das Leben ist immer lebensgefährlich.«
(Erich Kästner)

Lebensgefährlich ist die Einführung der Abgeltungssteuer zwar
nicht, aber die Frage, ob es ab 2009 für Sie besser oder schlimmer wird, beschäftigt Sie in diesem Jahr sicherlich besonders.
Schließlich wollen Sie wissen, ob Sie nach Abzug der Steuern
später mehr oder weniger in der Tasche haben werden als bisher.
Deshalb finden Sie auf den folgenden Seiten einen Vorher-Nach-
her-Vergleich für die einzelnen Anlageklassen. Daran können Sie
sehen,

• welche Wertpapiere Sie sich noch vor Ablauf des Jahres 2008
  in Ihr Depot legen sollten, um vom alten Steuerrecht zu profitieren,

- wo Sie gelassen die Einführung der Abgeltungssteuer abwarten können, weil das neue Steuersystem für Sie sogar günstiger ist als das alte und

- welche Steuersparmöglichkeiten sich Ihnen bei den einzelnen Anlageklassen bieten.

Anmerkung zu dem in den Beispielen verwendeten individuellen Einkommensteuersatz

Kapitaleinkünfte werden nach altem Steuerrecht in der Regel mit dem persönlichen Einkommensteuersatz belegt. Dieser variiert je nach Einkommen des Steuerpflichtigen. Der wahre Wert liegt derzeit zwischen 15 % (Eingangssteuersatz) und 45 % (Spitzensteuersatz). Dazu kommen noch Solidaritätszuschlag und gegebenenfalls Kirchensteuer.

Zunächst ist für Sie wichtig zu wissen: Ein Einkommensteuersatz, der niedriger ist als der Abgeltungssteuersatz, wirkt sich auf die Besteuerung von Kapitalerträgen nicht nachteilig aus. Hier können Sie in der Steuererklärung immer die »Veranlagung nach individuellem Steuersatz« wählen. Um Ihnen anhand von Vergleichsrechnungen und Rechenbeispielen zu verdeutlichen, wie sich die Abgeltungssteuer bei einem höheren persönlichen Steuersatz auswirkt, wird für diesen in allen Beispielen in diesem Buch stets ein Einkommensteuersatz von 35 % (Durchschnitt) angenommen.

Um die Berechnungen möglichst nachvollziehbar zu machen, werden Solidaritätszuschlag und Kirchensteuer in den meisten der folgenden Rechenbeispiele nicht berücksichtigt.

Aktien

Es ist ganz klar: Aktionäre in Deutschland werden mit der Einführung der Abgeltungssteuer in aller Regel schlechter gestellt als bisher. Lediglich Aktien-Trader, die ihre Aktien stets nur kurzfristig halten und sie innerhalb eines Jahres wieder verkaufen, profitieren von der Einführung der Abgeltungssteuer, sofern sie mit solchen Spekulationsgeschäften die Freigrenze für Spekulationsgeschäfte von 512 Euro erreichen oder überschreiten. Die alten und neuen Regelungen im Detail:

Bisher: Regeln für Aktien nach altem Steuerrecht

Bei der Frage, wie Aktiengewinne nach altem Recht zu versteuern sind, müssen Sie bisher zwischen folgenden drei Kategorien unterscheiden:

- Kursgewinne, die Sie nach Ablauf der Spekulationsfrist erzielt haben,

- Spekulationsgewinne, also Kursgewinne, die Sie innerhalb der Spekulationsfrist von einem Jahr erzielt haben und

- Dividenden.

Kursgewinne

Nach altem Recht sind Kursgewinne bei Aktien komplett steuerfrei, wenn die jeweiligen Aktien länger als ein Jahr in Ihrem Depot gelegen haben. Eine Haltefrist von einem Jahr und einem Tag genügt also nach bisherigem Recht, damit Ihre Kursgewinne steuerfrei bleiben.

Spekulationsgewinne

Verkaufen Sie dagegen bestimmte Aktien schon binnen Jahresfrist, gelten deren Kursgewinne als Spekulationsgewinne. Solche müssen sie in der Steuererklärung als »sonstige Einkünfte« (An-

51

lage SO) angeben und mit Ihrem vollen Einkommensteuersatz versteuern. Steuerfrei bleiben solche Spekulationsgewinne nur, sofern sie unter der Freigrenze von 512 Euro (bzw. ab 2009: 600 Euro) pro Jahr bleiben.

Dividenden

Für die von den jeweiligen Aktiengesellschaften ausgezahlten Dividenden gilt noch bis einschließlich 2008 das sogenannte Halbeinkünfteverfahren. Demnach müssen Sie als Aktionär nur die Hälfte der ausgeschütteten Dividenden versteuern – und das mit Ihrem persönlichen Einkommensteuersatz. Je nach der Höhe des persönlichen Einkommens müssen Aktionäre solche Dividenden also zur Hälfte mit dem Steuersatz von 15 bis 45 % versteuern; bezogen auf die volle Dividendenhöhe bleibt also ein Steuersatz von 7,5 bis 22,5 %.

Künftig: Regeln für Aktien nach Einführung der Abgeltungssteuer

Schauen wir uns die oben genannten Kategorien nach Einführung der Abgeltungssteuer an:

Kursgewinne

Kursgewinne sind ab 2009 einheitlich mit der Abgeltungssteuer (plus Solidaritätszuschlag und ggf. Kirchensteuer) zu versteuern (Ausnahme: vor 2009 gekaufte Aktien). Die Spekulationsfrist entfällt und somit entfällt auch der Unterschied zwischen Kursgewinnen, die innerhalb eines Jahres realisiert werden, und Kursgewinnen, die erst nach Ablauf eines Jahres realisiert werden.

Das wirkt sich nachteilig auf diejenigen Kursgewinne aus, die Sie durch einen Verkauf nach Ablauf eines Jahres erzielen. Denn diese werden ab dem Jahr 2009 steuerpflichtig. Immerhin 25 % davon (plus Soli und ggf. Kirchensteuer) führt Ihre Depotbank bei Verkauf der Aktien direkt ans Finanzamt ab.

Rechenbeispiel

Sie kaufen zu Beginn des Jahres 2009 Aktien eines bestimmten Unternehmens. Mitte des Jahres 2010 verkaufen Sie sie wieder und erzielen damit einen Kursgewinn von 1.000 Euro. Nach altem Recht bleibt dieser Kursgewinn steuerfrei. Nach neuem Recht (Abgeltungssteuer) zahlen Sie, je nach Bundesland und Religionszugehörigkeit, zwischen 263,75 Euro und 279,80 Euro an Steuern (Soli und ggf. Kirchensteuer sind hier inbegriffen). Von Ihrem Kursgewinn bleiben Ihnen nach dem Steuerabzug also nur zwischen 720,20 Euro und 736,25 Euro übrig.

simplified
Mein Tipp

Stellen Sie jetzt die Weichen, um auch nach Einführung der Abgeltungssteuer von der alten Regelung zu profitieren. Denn die Kursgewinne aller Aktien, die Sie noch im Jahr 2008 in Ihr Depot legen, bleiben nach einer Mindesthaltefrist von einem Jahr dauerhaft steuerfrei, auch wenn Sie sie erst in den Jahren nach 2008 verkaufen. Es lohnt sich also für Sie, noch verstärkt in diesem Jahr in Aktien zu investieren. Legen Sie dabei den Schwerpunkt auf Aktien, die Sie lange halten wollen.

Spekulationsgewinne

Einen Vorteil bringt die Abgeltungssteuer für Kursgewinne, die Sie innerhalb eines Jahres durch Verkauf erzielen. Denn diese müssen Sie künftig nicht mehr mit Ihrem persönlichen Einkommenssteuersatz versteuern, sondern nur noch mit 25 % (plus Soli und ggf. Kirchensteuer).

53

Rechenbeispiel

Sie kaufen Mitte des Jahres 2009 Aktien eines bestimmten Unternehmens. Schon zu Beginn des Jahres 2010 verkaufen Sie sie wieder und erzielen damit einen Kursgewinn von 1.000 Euro. Nach altem Recht (Spekulationssteuer) hätten Sie diesen Kursgewinn mit Ihrem vollen Einkommenssteuersatz versteuern müssen. Bei 35 %* wären dies also 350 Euro. Nach neuem Recht zahlen Sie nur noch 25 %* Abgeltungssteuer, also einen Steuerbetrag von 250 Euro.

Damit bleibt Ihnen unter dem Strich eine Steuerersparnis von 100 Euro.

* Ohne Solidaritätszuschlag und Kirchensteuer, die in Wirklichkeit noch dazukommen. Berücksichtigen Sie diese noch zusätzlich, fällt die Steuerersparnis sogar noch etwas höher aus.

simplified
Mein Tipp

Aufgepasst bei Aktien, die Sie noch 2008 kaufen: Ihre Kursgewinne bei solchen »Altfällen« bleiben nur steuerfrei, wenn Sie die Aktien nicht innerhalb eines Jahres wieder verkaufen. Machen Sie das doch, gilt für solche Altbestände weiterhin die Spekulationsfrist von einem Jahr. Nur bei Aktienkäufen, die Sie ab 2009 tätigen, kommt es auf die Haltedauer nicht mehr an. Denn für solche Neuzugänge wird die Spekulationsfrist zum Jahreswechsel 2008/2009 abgeschafft.

Dividenden

Bei Dividenden entfällt ab 2009 das Halbeinkünfteverfahren. Stattdessen zahlen Sie auf alle ab 2009 ausgeschütteten Dividenden einheitlich 25 % Abgeltungssteuer (plus Soli und ggf. Kirchensteuer). Das gilt übrigens auch für Aktien, die Sie schon vor 2009 gekauft haben.

Rechenbeispiel

Sie haben 20 Aktien eines Unternehmens, das 2008 eine Dividende von 1,50 Euro pro Aktie ausschüttet, bekommen also insgesamt 30 Euro vor Steuern. Nach bisherigem Recht müssen Sie die Hälfte davon (15 Euro) mit Ihrem persönlichen Einkommenssteuersatz (beispielsweise 35 %*) versteuern. (Wir nehmen an, Ihr per Freistellungsauftrag steuerbefreiter Sparerfreibetrag ist bei Ihrer Depotbank bereits ausgeschöpft.) Damit fallen im Jahr 2008 Steuern in Höhe von 5,25 Euro an.

Angenommen, Sie bekommen für dieselben Aktien im Jahr 2009 die gleiche Dividende von insgesamt 30 Euro. Dann versteuern Sie diese Ausschüttung diesmal in voller Höhe, aber mit dem Abgeltungssteuersatz von 25 %*. Ihre Steuerlast liegt also bei 7,50 Euro.

Sie zahlen also 2,25 Euro mehr an Steuern. Das ist über 40 % mehr als im Vorjahr!

* Ohne Solidaritätszuschlag und Kirchensteuer, die in Wirklichkeit noch dazukommen. Berücksichtigen Sie diese noch zusätzlich, fällt die Steuermehrbelastung sogar noch etwas höher aus.

Allerdings wird bei der Debatte um die Höhe der Abgeltungssteuer oft vergessen, dass die Einkommenssteuerreform, mit der diese Besteuerung eingefürt wird, ein Bestandteil der Unternehmenssteuerreform ist. Der Belastung der Aktionäre mit der höheren Steuer auf Dividenden steht eine gewisse Entlastung auf der Seite der Aktiengesellschaften gegenüber. Die Gesamtbelastung der Unternehmen reduziert sich laut Bundesfinanzministerium von derzeit etwa 53 % auf etwa 48 %, also etwa um ein Zehntel.

Zumindest die Aktiengesellschaften in Deutschland könnten diese Entlastung in Form einer geringfügig höheren Dividende an ihre Aktionäre weitergeben. Ob sich aber diese Prognose des Bundesfinanzministeriums erfüllen wird, bleibt abzuwarten. Eine gewisse Skepsis ist hier angebracht. Außerdem sind Aktiengesellschaften mit Sitz im Ausland von dieser Entlastung, die nur für deutsche Unternehmen gilt, gar nicht betroffen.

55

Ein gravierender Nachteil: Verluste können nur mit Aktiengewinnen verrechnet werden

In Bezug auf die Verlustverrechnung gilt bei Aktien eine Besonderheit: Kursverluste aus Aktiengeschäften dürfen Sie ab 2009 nur mit Kursgewinnen aus Aktiengeschäften verrechnen. Eine Verrechnung mit anderen Kapitaleinkünften (Zinsen, Dividenden, Kursgewinne anderer Wertpapiere) ist dagegen nicht möglich. Verlieren Sie also in einem Jahr durch die Geldanlage mit Aktien viel Geld, dürfen Sie diese Verluste nicht mit Ihren anderen Gewinnen verrechnen. Ihnen bleibt dann nur eines: Sie müssen solche Verluste in Folgejahre vortragen und mit Aktiengewinnen (nur Kursgewinne, nicht aber Dividenden) verrechnen, die nach und nach anfallen. Ein solcher Verlustvortrag ist bei Aktiengewinnen unbegrenzt möglich. Die Bank hält diese Verluste in einem gesonderten »Verlustverrechnungstopf« fest, sodass Sie, wenn Sie nur ein Depot bei einer inländischen Bank haben, trotzdem Ihre (positiven und negativen) Kapitaleinkünfte nicht in der Steuererklärung abgeben müssen.

Sparkonten, Sparbriefe, Festgeld und Tagesgeld

Die Mehrheit der Deutschen legt ihr Geld am liebsten in festverzinslicher Form an. Sparkonten, Sparbriefe, Festgeld und Tagesgeld sind besonders beliebte, wenn auch oft nicht gerade renditeträchtige Formen der Geldanlage. Immerhin gilt: Wer seine Ersparnisse in dieser Form anlegt, der wird von der Einführung der Abgeltungssteuer ausnahmslos profitieren. Denn Zinsen waren bislang steuerlich sehr schlecht gestellt. Zu den Einzelheiten:

Bisher: Regeln für Zinskonten nach altem Steuerrecht

Kapitalerträge, die Sie bis einschließlich 2008 in Form von Zinsen bekommen (haben), müssen Sie bislang mit Ihrem persönlichen Einkommensteuersatz versteuern. Weil aber längst nicht jeder Bürger in der Vergangenheit seine Zinsanlagen ordnungsgemäß in der Steuererklärung gemeldet hat, hatte sich der Fiskus ein besonders ausgefeiltes System ausgedacht, um einen Groß-teil der Steuerschuld schon vorab zu bekommen – auch ohne die ordnungsgemäße Deklaration durch den Steuerpflichtigen: Die Rede ist von der sogenannten Zinsabschlagssteuer.

Die Banken sind bis einschließlich 2008 verpflichtet, 30 % aller Zinsausschüttungen, die auf einen Anleger entfallen, als Zinsab-schlagssteuer einzubehalten und direkt ans Finanzamt abzufüh-ren. Dazu kommt der Solidaritätszuschlag, sodass die einbehal-tene und an den Fiskus weitergeleitete Summe insgesamt 31,65 % ausmacht. Eine Ausnahme gilt nur

* für Beträge, die unter dem Sparerfreibetrag (inkl. Werbungskos-tenpauschbetrag 801 Euro, bei Ehepaaren: 1.602 Euro) bleiben und der Bank zuvor per Freistellungsauftrag mitgeteilt wurden.

* für Bausparverträge, deren Verzinsung unter 1 % bleibt (das Thema Bausparverträge wird daher in einem extra Kapitel be-handelt).

Die Zinsabschlagssteuer ändert nichts an der Pflicht, Zinserträge zu deklarieren

Diese Zinsabschlagssteuer hat aber im Unterschied zur kommenden Abgeltungssteuer keine abgeltende Wirkung. Das heißt, ein Sparer war (und ist noch für das Jahr 2008) verpflichtet, seine Zinseinnah-men in der Steuererklärung zu deklarieren. Die zuvor einbehaltene Zinsabschlagssteuer wird dann mit der Steuerschuld verrechnet, die sich nach dem persönlichen Einkommenssteuersatz ergibt. Sprich:

* Liegt der persönliche Steuersatz unter 30 %, werden dem Sparer Steuern erstattet.

* Liegt der persönliche Steuersatz über 30 %, muss der Sparer Steuern nachzahlen.

* Mit einer Steuererstattung kann ebenfalls rechnen, wer bei seiner Bank keinen Freistellungsauftrag gestellt hat oder die freigestell-ten Beträge bei verschiedenen Banken ungünstig verteilt hat.

Künftig: Regeln für Zinskonten nach Einführung der Abgeltungssteuer

Statt Zinsabschlagssteuer und persönlichem Einkommenssteuersatz werden Zinseinnahmen künftig nur mit dem Abgeltungssteuersatz von 25 % besteuert. Hiervon werden Sparer ab dem Jahr 2009 profitieren.

Rechenbeispiel

Eine ledige Sparerin hat 50.000 Euro auf einem Sparkonto liegen und bekommt dafür im Jahr 2008 von ihrer Bank einen Zinssatz von 4 % p. a. Ihre Zinseinkünfte belaufen sich folglich auf 2.000 Euro. Davon sind 801 Euro (Sparerfreibetrag inklusive Werbungskostenpauschale) steuerfrei. 1.199 Euro muss sie versteuern. Die Bank führt vorab schon 30 %* Zinsabschlagssteuer ans Finanzamt ab, nämlich 359,70 Euro. Bei der persönlichen Veranlagung (Steuererklärung) stellt sich dann heraus, die Sparerin hat einen individuellen Einkommenssteuersatz von 35 %*. Sie muss also noch einmal 59,95 Euro Steuern* nachzahlen. Insgesamt muss sie für ihre Zinseinkünfte 2008 also 419,65 Euro* an Steuern zahlen.

Angenommen, die Sparerin bekommt auch im Jahr 2009 von der Bank für ihre Einlage 4 % Zinsen und damit abermals 2.000 Euro. Und angenommen, an ihren Einkommensverhältnissen hat sich ansonsten nichts geändert. Dann gilt: Wieder bleiben 801 Euro steuerfrei, wieder muss sie die restlichen 1.199 Euro versteuern. Diesmal wird allerdings nur der Abgeltungssteuersatz von 25 %* direkt von der Bank abgeführt. Das bedeutet, sie zahlt für ihre Zinseinkünfte 2009 nur 299,75 Euro*. Damit spart sie gegenüber der bisherigen steuerlichen Regelung fast 120 Euro* an Steuern. Außerdem muss sie die Zinseinkünfte nicht mehr in ihrer Steuererklärung melden.

Faustregel: Je mehr Zinseinkünfte Sie über dem Steuerpauschbetrag erzielen und je höher Ihr persönlicher Steuersatz, desto größer wird Ihre Ersparnis durch die Neuregelung ausfallen.

---

* Ohne Solidaritätszuschlag und Kirchensteuer, die in Wirklichkeit noch dazukommen.

Ein weiterer Effekt macht sich in diesem Beispiel gar nicht bemerkbar: Nach dem alten Steuerrecht, das noch bis einschließlich 2008 gilt, tragen die Zinseinkünfte stets zur Steuerprogression bei. Die Zinsausschüttungen der Bank werden also zum steuerpflichtigen Einkommen dazugezählt und erhöhen auf diese Weise Ihren individuellen Steuersatz. Ab dem Jahr 2009 wirken sich die Zinseinkünfte nicht mehr auf den persönlichen Steuersatz aus.

Einziger Wermutstropfen: Der frühere Sparerfreibetrag, der sich bisher nur auf Zinseinnahmen und Dividenden bezog, heißt künftig Sparerpauschbetrag und gilt für alle Kapitalerträge – also beispielsweise auch für die Kursgewinne von Aktien, Fonds, Anleihen und Zertifikaten. Hätte die Sparerin also noch Einkünfte aus anderen Geldanlagen, wäre ihr Sparerpauschbetrag schneller ausgeschöpft.

simplified
Mein Tipp

Bei Zinskonten besteht eigentlich kein Handlungsbedarf, denn die Zinserträge stehen nach Einführung der Abgeltungssteuer besser da als vorher. Wenn Sie allerdings Geld auf einem Zinskonto geparkt haben, um es langfristig doch – weit rentabler – in Aktien oder Fonds zu investieren, sollten Sie schon im Jahr 2008 tätig werden und diese Wertpapiere noch vor Einführung der Abgeltungssteuer kaufen. Nur so stellen Sie sicher, dass die Kursgewinne auch künftig steuerfrei bleiben werden.

Bausparverträge

Im Prinzip sind Bausparverträge Zinskonten. Aber nach bisherigem Recht gelten dafür einige Vergünstigungen, die mit Einführung der Abgeltungssteuer wegfallen. Vom Abschluss eines Bausparvertrags kann man aus steuerlicher Sicht nur abraten – daran ändert auch die Einführung der Abgeltungssteuer nichts.

Bisher: Regeln für Bausparverträge nach altem Steuerrecht

Bis Ende 2008 müssen Sie als Bausparer die auf Ihren Bausparvertrag entfallenden Guthabenzinsen mit Ihrem persönlichen Einkommenssteuersatz versteuern, sofern sie zusammen mit Ihren anderen Zinseinkünften über dem Sparerfreibetrag (inklusive Werbungskostenpauschale) von 801 Euro (bei Ehepaaren: 1.602 Euro) liegen.

Normalerweise wird von Guthabenzinsen vorab von der Bank eine Zinsabschlagssteuer in Höhe von 30 % (plus Soli) einbehalten. Das ist bei Bausparverträgen nach bisherigem Recht dann nicht der Fall, wenn die Guthabenverzinsung unter 1 % liegt. In der Steuererklärung müssen Sie die Einkünfte aber angeben.

Dagegen gilt: Haben Sie als Bausparer einen Anspruch auf die staatliche Wohnungsbauprämie oder auf die Arbeitnehmer-Sparzulage, müssen Sie die Guthabenzinsen aus Bausparverträgen überhaupt nicht versteuern. Dann können Sie den Sparerfreibetrag komplett für andere Zinseinkünfte nutzen.

Künftig: Regeln für Bausparverträge nach Einführung der Abgeltungssteuer

Ab 2009 unterliegen bei Bausparverträgen alle Guthabenzinsen, die Sie erhalten, der Abgeltungssteuer. Auch eventuelle Bonuszahlungen und Treueprämien sind mit 25 % (plus Soli und ggf. Kirchensteuer) zu versteuern, es sei denn, Sie wählen freiwillig in Ihrer Steuererklärung eine Besteuerung nach dem persönlichen Einkommenssteuersatz, was sich immer dann lohnt, wenn dieser niedriger liegt.

Die bisherigen Privilegien für Bausparer mit Anspruch auf Wohnungsbauprämie oder Arbeitnehmer-Sparzulagen entfallen. Bauspar-Zinserträge sind ab 2009 nur steuerfrei, sofern sie zusammen mit anderen Kapitaleinkünften unter dem Sparerpauschbetrag von 801 Euro (Verheiratete: 1.602 Euro) bleiben.

simplified
Mein Tipp:

Sie können es drehen und wenden wie Sie möchten: Bausparverträge sind die großen Verlierer der Abgeltungssteuer. Magere Verzinsung, Abgeltungssteuerpflicht ohne Ausnahmen für staatlich geförderte Verträge und Abschlusskosten, die die magere Rendite nochmals schmälern. Für den Abschluss eines Bausparvertrags spricht noch nicht einmal die Aussicht auf einen späteren zinsgünstigen Kredit. Selbst wenn Sie kein Risiko eingehen und Ihr Geld konservativ anlegen möchten: Suchen Sie sich lieber eine rentablere Form der Geldanlage.

Anleihen (außer Zero Bonds und sonstige Finanzinnovationen)

Für Staats- und Unternehmensanleihen gilt Ähnliches wie für die oben aufgeführten Zinsanlagen, unabhängig davon, ob die Verzinsung fest oder variabel ist. Was bedeutet: In aller Regel ist die Abgeltungssteuer bei Anleihen günstiger als die bisherigen Steuerregeln. Allerdings gibt es einen Unterschied zu Zinskonten: Die Gewinne aus Anleihen bestehen oft nicht allein aus den vom Emittenten gezahlten Zinsen, sondern mitunter auch aus Kursgewinnen. Dies gilt vor allem dann,

- wenn Sie eine Anleihe vor Fälligkeit zu einem höheren Kurs als dem Kauf- oder Emissionskurs verkaufen,

- wenn Sie eine Anleihe während der Laufzeit unter dem Nominalwert erwerben und diese halten, bis der Kurs gestiegen ist oder bis die Anleihe fällig ist und zu 100 % zurückgezahlt wird, oder

- wenn sich der Emittent ein vorzeitiges Kündigungsrecht vorbehalten hat, das er mit einem höheren Rückzahlungskurs vergütet. Das ist durchaus üblich und steht schon in den

Emissionsbedingungen: Zahlt der Emittent die Anleihe dann tatsächlich vorzeitig zurück, gibt es für die Anleger einen Aufschlag auf den Nominalwert. Sie bekommen dann beispielsweise 102,5 % des Nominalwertes zurückgezahlt statt der üblichen 100 %.

Die hier vorgestellten Regeln für Anleihen gelten auch für

- »Floater« (eigentlich »Floating Rate Notes«), also Anleihen mit variablem Zinssatz, deren Verzinsung sich in der Regel nach einem Referenzzinssatz richtet (beispielsweise den europäischen Interbankenzinssätzen EURIBOR, zu denen sich die Banken gegenseitig Geld leihen). Solche »Floater« zählen nach einer Entscheidung des Bundesfinanzhofs nicht zu den Finanzinnovationen (13.12.2006, Aktenzeichen: VIII 97/02).

- »Rating-Anleihen«, also Anleihen, deren Zinssatz sich nach der Bonität des Emittenten richtet. Auch sie sind keine Finanzinnovationen, entschied der Bundesfinanzhof (13.12.2006, Aktenzeichen: VIII R 6/05).

Achtung: Für »Finanzinnovationen« gelten bisher andere Regeln

Beachten Sie aber: Für Anleihen, die das Finanzamt als »Finanzinnovationen« einstuft (z. B. Nullkupon-Anleihen = Zero Bonds, bestimmte Niedrigkupon-Anleihen = Low Coupon Bonds), gelten nach altem Steuerrecht eigene Regeln. Sie werden in einem extra Kapitel beleuchtet.

Bisher: Regeln für Anleihen nach altem Steuerrecht

Bei Anleihen gibt es bis einschließlich 2008 eine Dreiteilung der anfallenden Gewinne:

- Zinsausschüttungen müssen Sie mit Ihrem persönlichen Steuersatz versteuern. Gezahlte Stückzinsen werden dabei als negative Zinseinkünfte berücksichtigt. (Zur Erläuterung: Stückzinsen zahlen Sie direkt bei Kauf einer Anleihe während der Laufzeit. Dabei handelt es sich um eine zeitanteilige Erstattung der nächsten Zinsausschüttung an den Vorbesitzer.)

- Kursgewinne, die durch einen Verkauf außerhalb der Spekulationsfrist anfallen, bleiben steuerfrei.

- Kursgewinne, die Sie durch einen Verkauf der Anleihe binnen Jahresfrist realisieren, unterliegen in voller Höhe Ihrem persönlichen Einkommenssteuersatz.

Bei den meisten Anleihen spielen Kursgewinne allerdings eine untergeordnete Rolle, denn die Kursschwankungen sind in der Regel nicht so stark wie bei Aktien. Der Großteil der Gewinne stammt also bei Anleihen in der Regel aus den ausgeschütteten Zinsen. Hiervon führt die Bank nach bisherigem Recht bis einschließlich 2008 die Zinsabschlagssteuer von 30 % (plus Soli) direkt ans Finanzamt ab (außer, der im Freistellungsauftrag angegebene Sparerfreibetrag ist noch nicht ausgeschöpft). Den Rest des Zinsbetrags zahlt sie Ihnen aus. Wie bei Sparkonten müssen Sie Ihre Zinseinkünfte auch hier in der Steuererklärung deklarieren (siehe oben), denn maßgeblich ist Ihr persönlicher Steuersatz und nicht die vorab einbehaltenen 30 %.

Künftig: Regeln für Anleihen nach Einführung der Abgeltungssteuer

Nach Einführung der Abgeltungssteuer werden alle Gewinne aus Anleihen gleich behandelt: Die Spekulationsfrist entfällt für ab 2009 gekaufte Papiere und Sie zahlen auf Kursgewinne und auf Zinsausschüttungen stets den einheitlichen Steuersatz von 25 % (plus Soli und ggf. Kirchensteuer). Gezahlte Stückzinsen werden dabei berücksichtigt: Sie erhöhen die Anschaffungskosten einer Anleihe und verringern damit die Gewinne. Ein Rechenbeispiel verdeutlicht, warum das neue Steuerrecht ab 2009 bei Anleihen für Sie in aller Regel günstiger ist:

Rechenbeispiel

Ein Anleger kauft eine Unternehmensanleihe (Stückelung 1.000 Euro) zwischen zwei Zinsterminen an der Börse. Der Kurs beträgt derzeit 98 %, das heißt, er muss 980 Euro investieren. Der jährliche Zinskupon beläuft sich auf 5 %. Bei Kauf zahlt er Stückzinsen in Höhe von 37,50 Euro an den Vorbesitzer (dieser hat sie 9 Monate lang gehalten, bekommt also von der Zinsausschüttung eines Jahres 9/12 vom Käufer erstattet).

Angenommen, der Anleger hat die Anleihe seit Anfang 2005 im Depot und verkauft sie am Ende des Jahres 2008. Wir nehmen außerdem an, sein Sparerfreibetrag ist in all diesen Jahren bereits anderweitig ausgeschöpft. Dann sehen seine Erträge so aus:

Zinszahlung 2005: 12,50 Euro
(50 Euro minus Stückzinsen 37,50 Euro)

Zinszahlung 2006: 50,00 Euro

Zinszahlung 2007: 50,00 Euro

Zinszahlung 2008: 50,00 Euro

Kursgewinn: 20,00 Euro

Die Zinserträge belaufen sich insgesamt auf 162,50 Euro, der Kursgewinn auf 20 Euro, insgesamt also 182,50 Euro. Der Anleger muss allerdings nur die Zinsausschüttungen mit dem persönlichen Einkommenssteuersatz (von beispielsweise 35 %*) versteuern. Das heißt: Er zahlt nach altem Recht verteilt über die Haltedauer insgesamt 56,88 Euro* an Steuern.

Angenommen, der Kauf erfolgt erst 2009, der Verkauf dann im Jahr 2012. Wieder summieren sich die Zinszahlungen und Kursgewinne auf 182,50 Euro. Diesmal wird allerdings von der gesamten Summe (inklusive Kursgewinn) die Abgeltungssteuer von 25 %* abgezogen. Das bedeutet: Die Steuerlast beträgt 45,63 Euro*.

Die Abgeltungssteuer bringt in diesem Beispiel also eine Steuerersparnis von 11,25 Euro*, das entspricht rund 20 %.

---

* Ohne Solidaritätszuschlag und Kirchensteuer. Berücksichtigt man diese noch zusätzlich, fällt die Steuerersparnis sogar noch etwas höher aus.

Sie haben bereits Anleihen in Ihrem Depot, die Sie über das Jahr 2008 hinweg zu halten beabsichtigen? Dann ist der Übergang nahtlos: Zinszahlungen, die noch 2008 ausgeschüttet werden, versteuern Sie mit Ihrem persönlichen Einkommenssteuersatz. Auf Zinszahlungen, die Ihnen erst ab 2009 zufließen, wird die Abgeltungssteuer fällig.

Allerdings bleiben Kursgewinne (außerhalb der Spekulationsfrist) bei Alt-Anleihen steuerfrei. Bei einem Verkauf nach dem Jahreswechsel 2008/2009 sollten Sie aber dennoch auf die Haltedauer achten: Liegt diese unter einem Jahr und erzielen Sie mit dem Verkauf Spekulationsgewinne, müssen Sie diese mit Ihrem (meist höheren) persönlichen Einkommenssteuersatz versteuern.

**simplified
Mein Tipp**

Mit Anleihen können Sie speziell noch im Jahr 2008 Steuern sparen. Das funktioniert so: Kaufen Sie noch vor Ablauf des Jahres 2008 Anleihen mit besonders hohen Stückzinsen (die Stückzinsen sind umso höher, je länger die letzte Zinsausschüttung zurückliegt). Diese Stückzinsen bringen Ihnen im Jahr 2008 Verluste, die auf Ihre Zinseinkünfte 2008 angerechnet werden. Das ist günstig, denn diese müssen Sie noch mit Ihrem vollen persönlichen Einkommenssteuersatz versteuern. Zinszahlungen aus diesen eben gekauften Anleihen fließen Ihnen aber erst ab dem Jahr 2009 zu. Sie werden dann nur mit dem Abgeltungssteuersatz von 25 % (plus Soli und ggf. Kirchensteuer) belegt. Der Trick besteht darin,

- die Verluste (gezahlte Stückzinsen) in das Jahr 2008 vorzuziehen, also in dem Jahr, in dem Sie noch den höheren (Einkommens-)Steuersatz auf Ihre Zinseinkünfte zahlen müssen, und

- die Gewinne (künftige Zinsausschüttungen und erhaltene Stückzinsen bei Verkauf der Anleihe) erst im Jahr 2009 oder später einzustreichen, also in Jahren, in denen schon der niedrigere (Abgeltungs-)Steuersatz gilt.

65

Dieses Steuersparmodell funktioniert allerdings nur, wenn Sie im Jahr 2008 auch Zinseinkünfte haben, die über dem Sparerfreibetrag liegen und die Sie folglich mit den Stückzins-Verlusten verrechnen können.

Bundesschatzbriefe

Bei Bundesschatzbriefen gelten im Prinzip genau die gleichen Regeln wie für Zinserträge bei Zinskonten und Anleihen: Nach altem Recht sind alle Zinszahlungen über dem Sparerfreibetrag in Höhe der persönlichen Einkommenssteuer zu versteuern, nach neuem Recht gilt für Zinszahlungen, die Ihnen ab 2009 zufließen, nur noch die Abgeltungssteuer.

Bundesschatzbriefe werden hier nur deshalb gesondert behandelt, weil sich damit interessante Möglichkeiten der Steuergestaltung ergeben. Es kommt nämlich darauf an, ob Sie Bundesschatzbriefe vom Typ A oder vom Typ B kaufen beziehungsweise besitzen.

Die steuerlichen Regelungen (alt und neu) bei Bundesschatzbriefen Typ A

Bundesschatzbriefe vom Typ A haben eine Laufzeit von sechs Jahren. Die Zinsen werden jährlich ausgeschüttet. Das heißt für Papiere, die Sie jetzt schon besitzen:

- Noch im Jahr 2008 versteuern Sie die Zinsausschüttung mit Ihrem persönlichen Einkommenssteuersatz, sofern sie zusammen mit Ihren anderen Zinseinkünften nicht unter dem Sparerfreibetrag bleiben.

- Ab dem Jahr 2009 versteuern Sie die Zinsausschüttungen mit dem Abgeltungssteuersatz (plus Soli und ggf. Kirchensteuer) von insgesamt maximal 27,98 %.

66

Die steuerlichen Regelungen (alt und neu) bei Bundesschatzbriefen Typ B

Bundesschatzbriefe vom Typ B haben eine Laufzeit von sieben Jahren. Die anfallenden Zinsen werden erst am Ende der Laufzeit auf einen Schlag ausgeschüttet. Sprich: Zinsen, die zwischenzeitlich anfallen, werden so lange wiederangelegt, bis das Papier fällig ist. Dabei gilt auch hier:

- Die Zinszahlungen von Bundesschatzbriefen Typ B, die noch im Jahr 2008 fällig werden, versteuern Sie mit Ihrem persönlichen Einkommenssteuersatz.

- Die Zinszahlungen von Bundesschatzbriefen Typ B, die erst ab dem Jahr 2009 fällig werden, versteuern Sie nur noch mit dem Abgeltungssteuersatz von maximal 27,98 % (inklusive Soli und ggf. Kirchensteuer).

---

simplified
Mein Tipp

Diese Besonderheit macht Bundesschatzbriefe vom Typ B künftig deutlich attraktiver als solche des Typ A:

- Zum einen profitieren Sie vom Zinseszinseffekt. Zinsen werden während der Laufzeit nicht ausgeschüttet, sondern bis zur Fälligkeit wiederangelegt.

- Zum anderen versteuern Sie die Zinserträge erst bei Ihrer Ausschüttung. Sie profitieren also zudem noch von einem Steuerstundungseffekt.

Allerdings ist dieses Modell nicht für alle Anleger uneingeschränkt empfehlenswert. Es ist nämlich nur dann attraktiv, wenn Sie den Sparerpauschbetrag bereits anderweitig ausgeschöpft haben. Falls nicht, ist es oft klüger, doch Bundesschatzbriefe des Typs A zu kaufen. Denn durch die jährlichen (geringeren) Ausschüttungen statt der Ausschüttung in einer Summe am Ende der Laufzeit schaffen Sie es womöglich, unter dem Sparerpauschbetrag zu bleiben und entsprechend überhaupt keine Zinserträge versteuern zu müssen.

Zero Bonds und andere Finanzinnovationen (Garantiezertifikate etc.)

Es gibt Wertpapiere, die nach bisherigem Steuerrecht sehr ungünstig eingestuft werden. Dabei handelt es sich um sogenannte »Finanzinnovationen«. Das entscheidende Kriterium, wonach die Finanzverwaltung ein Wertpapier nach bisherigem Recht als »Finanzinnovation« einstuft, liegt darin, wie sicher die Erträge daraus sind. Liegt bei einem Wertpapier eine mit Sicherheit erzielbare Rendite vor, werden alle Kursgewinne steuerlich genauso behandelt, als wären sie Zinseinkünfte.

Unter den Begriff »Finanzinnovationen« fallen beispielsweise:

• Zero-Bonds (Nullkupon-Anleihen): Bei dieser besonderen Form von Anleihen bekommt der Inhaber keine Zinsen. Er kauft die Anleihe bei Ausgabe aber mit einem hohen Rabatt und bekommt am Ende den vollen Nominalwert ausgezahlt.

• bestimmte Low Coupon Bonds (Niedrigkupon-Anleihen), die ebenfalls bei Emission oder während der Laufzeit mit Rabatt gekauft und bei Fälligkeit zum vollen Nominalwert zurückgezahlt werden. Allerdings fallen nur solche Anleihen unter die Finanzinnovationen, deren Rabatt außerhalb der sogenannten Disagio-Staffel liegt. Grob vereinfacht, bedeutet dies: Bestehen die Einnahmen im Wesentlichen nicht aus den gezahlten Zinsen, sondern fast nur aus Rückzahlungsgewinnen, werden sie als Finanzinnovationen eingestuft.

• Garantiezertifikate: Hier steht schon bei Emission ein bestimmter, garantierter Rückzahlungsanspruch fest. Garantiezertifikate zählen nach bisherigem Recht zumindest dann zu den Finanzinnovationen, wenn der garantierte Rückzahlungsanspruch auf Höhe des Nennwertes liegt.

• Aktienanleihen sind ebenfalls Finanzinnovationen. Da hierfür aber einige Besonderheiten gelten, werden sie in einem separaten Kapitel näher betrachtet.

Finanzinnovationen (außer Aktienanleihen) profitieren ab dem Jahreswechsel 2008/2009 in besonderem Maße von der Einführung der Abgeltungssteuer.

Bisher: Regeln für Finanzinnovationen nach altem Steuerrecht

Bei Finanzinnovationen versteuern Sie unabhängig von der Haltefrist sowohl Kursgewinne als auch eventuelle Zinszahlungen stets mit Ihrem persönlichen Steuersatz. Am Beispiel der Zero Bonds (Nullkupon-Anleihen) sei hier verdeutlicht, warum dies so ist:

Bei einem Zero Bond beträgt der Zinskupon 0 %. Dafür bekommen Sie aber diese Anleihe bei Emission mit einem kräftigen Rabatt auf den Nennwert, beispielsweise zu einem Kurs von 50 % des Nennwerts. Am Tag der Fälligkeit wird aber der volle Nennwert (100 %) zurückgezahlt. Üblicherweise haben Zero Bonds eine sehr lange Laufzeit; 10 bis 30 Jahre sind hier keine Seltenheit.

Die Finanzverwaltung ging bisher davon aus, solche Papiere seien extra so konstruiert, dass die (eigentlich steuerpflichtigen) Zinsen in (eigentlich steuerfreie) Rückzahlungsgewinne umgewandelt werden. Deshalb stufte sie Zero Bonds als »Finanzinnovationen« ein und behandelte die Gewinne so, als wären es gezahlte Zinsen. Sprich: Bei Zero Bonds sind auch die Kursgewinne in vollem Umfang mit dem persönlichen Einkommensteuersatz zu versteuern. Zugrundegelegt wird hierbei

- im Regelfall die Emissionsrendite. Das ist, grob gesagt, der garantierte Gewinn, der sich schon bei Emission des Wertpapiers rein rechnerisch ermitteln lässt. Die Emissionsrendite wird zunächst für die gesamte Laufzeit errechnet und dann zeitanteilig nach der tatsächlichen Haltedauer zugrundegelegt.

- in Ausnahmefällen die Marktrendite. Das ist der tatsächlich erzielte Gewinn. Er weicht meist von der Emissionsrendite ab, wenn das Papier nach der Emission gekauft oder vor Fälligkeit wieder verkauft wird. Hier werden die tatsächlichen Kauf- oder Verkaufskurse berücksichtigt.

Diese ungünstige steuerliche Einstufung gilt auch für alle anderen Finanzinnovationen (Niedrigkupon-Anleihen, Garantiezertifikate). Nach bisherigem Recht sind die Kursgewinne voll mit dem persönlichen Einkommenssteuersatz zu versteuern.

Allerdings sind nach bisherigem Recht die Verluste aus Finanzinnovationen auch mit anderen Einkünften verrechenbar, die dem persönlichen Steuersatz unterliegen. Darunter fallen Zinseinkünfte, Einkünfte aus nichtselbstständiger Arbeit, Einkünfte aus Vermietung und Verpachtung etc.

Künftig: Regeln für Finanzinnovationen nach Einführung der Abgeltungssteuer

Finanzinnovationen, egal ob Nullkupon-Anleihen, Niedrigkupon-Anleihen, die in diese Kategorie fallen, oder Garantiezertifikate, profitieren von der Einführung der Abgeltungssteuer. Denn ab 2009 werden nur noch 25 % Steuern (plus Soli und ggf. Kirchensteuer) auf die Gewinne fällig und nicht mehr der persönliche Einkommenssteuersatz. Die Gewinne werden ab 2009 nach der Marktrendite ermittelt und nicht mehr nach der Emissionsrendite. Es geht also ausschließlich um die tatsächlich erzielten Gewinne.

Rechenbeispiel

Die Rendite* einer im Jahr 2008 fälligen Nullkupon-Anleihe beträgt 2.000 Euro. Der Inhaber der Anleihe muss diesen Gewinn nach bisherigem Recht mit seinem vollen persönlichen Einkommenssteuersatz versteuern. Bei 35 %** sind dies also 700 Euro an Steuern, die das Finanzamt bekommt. Angenommen, diese Nullkupon-Anleihe wird erst 2009 fällig. Dann zahlt der Anleger nur noch den Abgeltungssteuersatz von 25 %**, und damit 500 Euro.

Die Steuerersparnis beträgt also 200 Euro. Allgemein ist sie umso größer, je höher Ihr persönlicher Steuersatz ausfällt.

---

* Der Einfachheit halber nehmen wir in diesem Beispiel an, Emissions- und Marktrendite wären identisch.
** Ohne Solidaritätszuschlag und Kirchensteuer. Berücksichtigt man diese noch zusätzlich, ergibt sich eine noch höhere Steuerersparnis.

Verlustverrechnung künftig nicht mehr uneingeschränkt möglich

Verluste aus Finanzinnovationen können Sie künftig nicht mehr beliebig mit anderen Einkünften verrechnen. Ab 2009 gilt: Solche Verluste sind nur noch mit positiven Kapitaleinkünften (inklusive Zinsen und Dividenden) verrechenbar, nicht aber beispielsweise mit positiven Einkünften aus nichtselbstständiger Arbeit oder aus Vermietung und Verpachtung. Allerdings sind bei den meisten Finanzinnovationen allzu hohe Verluste auch nicht zu erwarten (Ausnahme: Aktienanleihen, s. u.).

Steuersparmodell Zero Bonds

Bei Zero Bonds bringt die Einführung der Abgeltungssteuer einen weiteren Vorteil: Abgeltungssteuer wird erst bei einem Verkauf fällig – die lange Laufzeit bringt also eine aufschiebende Wirkung mit sich. So ist folgender Fall denkbar: Sie kaufen einen Zero Bond mit 20-jähriger Laufzeit im Jahr 2009 und halten das Papier bis zu seiner Fälligkeit. Steuern (sprich: Abgeltungssteuer plus ggf. Soli und ggf. Kirchensteuer) werden dann erst bei Fälligkeit abgezogen. Das heißt: Volle 20 Jahre lang zahlen Sie keinen Cent Steuern für dieses Investment. Die fiktiven Zinsen werden einfach wieder investiert.

Allerdings ist äußerst fraglich, ob Ihnen dieser Stundungsvorteil tatsächlich erhalten bleibt. Es ist damit zu rechnen, dass die Finanzverwaltung bei Zero Bonds schon bald eine zeitanteilige Aufteilung der Gewinne verlangen und die anteilige Abgeltungssteuer schon vor dem eigentlichen Rückzahlungstermin einfordern wird. Diese »Zuflussfiktion« ist bei Kapitalgesellschaften und bei thesaurierenden Fonds bereits beschlossene Sache.

**simplified
Mein Tipp**

Trotzdem können Sie auf den Steuerstundungseffekt setzen und Ihr

Glück versuchen, indem Sie Zero Bonds kaufen. Ob Sie dies noch im Jahr 2008 machen oder erst ab 2009, spielt dabei keine Rolle. Der steuerliche Effekt bleibt derselbe.

Bei Finanzinnovationen gibt es keine Übergangsfrist

Altfälle gibt es bei Finanzinnovationen nicht. Hier wird ab dem Jahreswechsel 2008/2009 übergangslos auf das neue Steuersystem umgestellt. Das heißt: Auf Kursgewinne von Finanzinnovationen zahlen Sie ab Januar 2009 nie mehr als den Abgeltungssteuersatz. Dies gilt unabhängig von der Haltefrist, also auch für Finanzinnovationen, die Sie binnen eines Jahres kaufen und wieder verkaufen.

Aktienanleihen

Bei Aktienanleihen kann der Emittent anhand vorgegebener Kriterien wählen, ob er den Inhabern am Ende der Laufzeit

- den Nennbetrag zurückzahlt oder

- ob er Ihnen stattdessen Aktien ins Depot buchen lässt.

Letzteres wird er immer dann machen, wenn die betreffenden Aktien im Wert unter den vereinbarten Basispreis gesunken sind. Aktienanleihen sind Finanzinnovationen, was sich nach bisherigem Recht ausnahmsweise überwiegend positiv bemerkbar macht (das hat mit der Verlustverrechnung zu tun).

Seit bekannt ist, dass die Abgeltungssteuer kommt, rühren einige Banken speziell für Aktienanleihen die Werbetrommel. Denn, so das häufig gebrauchte Argument, die attraktiven Zinsausschüttungen und die Kursgewinne würden künftig nicht mehr unter den persönlichen Einkommenssteuersatz fallen, sondern unter die meist niedrigere Abgeltungssteuer.

Das stimmt zwar im Prinzip. Zwei Haken hat die Sache aber doch:

• Die Spekulationsfrist spielt nämlich doch eine gewisse Rolle – was für Finanzinnovationen ansonsten sehr untypisch ist. Und:

• Der bisherige relative Vorteil der unbeschränkten Verlustverrechnung verschwindet.

Die Regelungen im Detail:

Bisher: Regeln für Aktienanleihen nach altem Steuerrecht

Bei Aktienanleihen wird steuerlich stets die Marktrendite (also der tatsächlich erzielte Gewinn) betrachtet, weil eine Emissionsrendite (einen rechnerischen Gewinn, der schon bei Emission des Papiers feststeht) nicht existiert. Folgende positive und negative Einkünfte spielen steuerlich eine Rolle:

Zinsen

Verglichen mit normalen Anleihen ist der Zinskupon in der Regel deutlich über dem Marktniveau (10 bis 16 % p. a. sind hier keine Seltenheit). Damit trägt der Emittent dem höheren Risiko Rechnung, das der Kauf einer Aktienanleihe mit sich bringt. Die Zinseinnahmen versteuern Sie bislang mit Ihrem persönlichen Einkommenssteuersatz. Vorab wird ein Zinsabschlag von 30 % (plus Soli) von der Depotbank einbehalten.

Stückzinsen

Auch bei Aktienanleihen zahlen Sie Stückzinsen, also zeitanteilige Zinserstattungen an den Vorbesitzer, sofern Sie die Papiere nicht gleich zu Laufzeitbeginn beim Emittenten oder zum Zinszahlungstermin an der Börse erwerben. Bei einem Kauf gezahlte

Stückzinsen können Sie als negative Zinseinkünfte steuerlich geltend machen (die Bank bildet einen Stückzinstopf und verrechnet die Verluste mit den Zinseinnahmen). Stückzinsen, die Sie bei Verkauf der Aktienanleihe erhalten, werden steuerlich wie Zinsausschüttungen behandelt. Sie sind also mit dem persönlichen Einkommenssteuersatz zu versteuern und unterliegen vorab dem Zinsabschlag.

Kursgewinne

Da die Finanzverwaltung Aktienanleihen als Finanzinnovationen einstuft, müssen Sie eventuelle Kursgewinne unabhängig von der Haltefrist stets mit dem persönlichen Einkommensteuersatz versteuern. Auch behält die Depotbank in diesem Fall die Zinsabschlagssteuer in Höhe von 30 % (plus Soli) vorab ein.

Kursverluste

Umgekehrt können Sie aber Kursverluste bei vorzeitigem Verkauf stets unbeschränkt steuerlich geltend machen und mit anderen Einkünften verrechnen.

Verluste durch Rückzahlung in Form von Aktien

Wird die Aktienanleihe fällig, zahlt der Emittent seine Schulden in Form von Aktien statt in Form des Nennwertes zurück, wenn der Aktienkurs zwischenzeitlich gesunken ist. Bekommen Sie bei Fälligkeit statt des Nennwertes die Aktie übertragen, entsteht rechnerisch ebenfalls ein Verlust (Kaufpreis minus Aktienkurs). Diesen Verlust können Sie ebenfalls steuerlich voll geltend machen. Die Einstufung als Finanzinnovation wirkt hier vorwiegend positiv. Sie können Verluste – unabhängig von der Haltedauer – mit anderen Einkünften verrechnen, auf die der persönliche Einkommensteuersatz angewendet wird. Diese Verrechnung ist nicht nur mit Zinseinkünften möglich, sondern beispielsweise auch mit Einkünften aus nichtselbstständiger Arbeit, aus Gewerbebetrieb oder Einkünften aus Vermietung und Verpachtung.

Achtung: Die Spekulationsfrist ist trotzdem nicht irrelevant

Aber Vorsicht: Obwohl es Finanzinnovationen sind, können bei Aktienanleihen auch Spekulationsgewinne entstehen. Das ist dann der Fall, wenn Sie bei Fälligkeit statt des Nennwertes die Aktie bekommen. Verkaufen Sie diese Aktie innerhalb von 12 Monaten, ist das ein Spekulationsgewinn (»Gewinn aus privaten Veräußerungsgeschäften«), der noch bis einschließlich 2008 in vollem Umfang dem persönlichen Einkommenssteuersatz unterliegt. Verkaufen Sie sie mit Verlust, können Sie diese Verluste mit anderen Spekulationsverlusten verrechnen. Die Spekulationsfrist beginnt schon vor der Einbuchung der Aktie ins Depot. Maßgeblich ist der Zeitpunkt, in dem laut Emissionsbedingungen entschieden wird, dass die Aktie geliefert (und nicht der Nennwert zurückgezahlt) wird. Das geschieht in der Regel fünf Handelstage vor Lieferung. Relevant für die Berechnung von Gewinnen oder Verlusten ist der niedrigste Kurs, der an diesem Tag an einer deutschen Börse festgestellt wurde (Parkettbörsen oder Xetra).

Künftig: Regeln für Aktienanleihen nach Einführung der Abgeltungssteuer

Ob Zinsausschüttungen oder Kursgewinne (in oder außerhalb der Spekulationsfrist) – bei Aktienanleihen, die Sie ab 2009 kaufen, zahlen Sie einheitlich den Abgeltungssteuersatz von 25 % (plus Soli und ggf. Kirchensteuer). Insofern stimmt das Werbeargument der Banken: Gewinne aus Aktienanleihen sind steuerlich nach Einführung der Abgeltungssteuer besser gestellt. Denn weder für Kursgewinne noch für Zinseinkünfte zahlen Sie ab 2009 noch den persönlichen Einkommenssteuersatz, wenn dieser über 25 % liegt.

Auch »Altfälle«, also Aktienanleihen, die Sie bis einschließlich 2008 gekauft haben, gehen zum Jahreswechsel 2008/2009 nahtlos in die neue Regelung über. Sie brauchen also nicht zu befürchten, dass diese nach Einführung der Abgeltungssteuer steuerlich ungünstiger behandelt würden als Aktienanleihen, die Sie erst 2009 oder später ins Depot legen.

Tappen Sie bei Aktienanleihen nicht in die »Neuzugangs-Falle«

Eines wird aber häufig übersehen: Werden noch im Jahr 2008 Aktien als Rückzahlung ehemals gekaufter Aktienanleihen in Ihr Depot gebucht, gelten diese steuerlich als Neuzugang. Das bedeutet: Hier spielt die Haltefrist – anders als bei sonstigen Finanzinnovationen – plötzlich sehr wohl eine Rolle. Beträgt sie ein Jahr oder weniger, dann unterliegen die zwischenzeitlich erzielten Kursgewinne als Spekulationsgewinne dem persönlichen Einkommenssteuersatz und nicht der Abgeltungssteuer. Dies gilt selbst dann, wenn Sie die betreffenden Aktien erst 2009 wieder verkaufen. Auf die Haltefrist von Aktien, die Sie noch 2008 auf diese Weise bekommen, sollten Sie ein besonderes Augenmerk richten:

• Bevor Sie eine solche Aktie mit Gewinn verkaufen, warten Sie den Ablauf eines Jahres idealerweise noch ab.

• Erweist sich die 2008 eingebuchte Aktie als verlustreich, verkaufen Sie sie lieber schon binnen Jahresfrist, um noch Spekulationsverluste geltend machen zu können.

Bei einer Rückzahlung (= Neuerwerb) ab 2009 spielt die Haltefrist dann keine Rolle mehr.

---

simplified
Mein Tipp:

Achten Sie bei Aktienanleihen gezielt darauf, Ihre Gewinne oder Verluste zeitlich optimal zu platzieren. Verluste realisieren Sie idealerweise noch im Jahr 2008. Ist bei Anfang 2009 fälligen Aktienanleihen schon Ende 2008 ersichtlich, dass statt des Nennbetrags die Aktien ausgezahlt werden, verkaufen Sie die Aktienanleihe noch 2008 mit Verlust. Dann können Sie den Verlust noch 2008 geltend machen und mit anderweitigen Einkünften verrechnen. Ab 2009 besteht diese Möglichkeit nicht mehr.

Investmentfonds (Aktien-, Renten- und Mischfonds sowie Dachfonds)

In diesem Kapitel geht es ausschließlich um Aktien-, Renten-, Misch- und Dachfonds. Fondssparpläne werden in einem gesonderten Kapitel behandelt, denn hier gelten einige Besonderheiten. Für geschlossene Fonds, offene Immobilienfonds und Fondspolicen (fondsgebundene Lebensversicherungen) gelten andere steuerliche Regeln, weswegen auch sie gesondert betrachtet werden.

Kommen wir zunächst zu den herkömmlichen Aktien-, Renten-, Misch- und Dachfonds. Prinzipiell gilt:

• Aktienfonds oder Mischfonds mit hohem Aktienanteil sind Verlierer der Abgeltungssteuer.

• Dagegen profitieren Rentenfonds oder defensive Mischfonds mit hohem Rentenanteil ab 2009 von der Abgeltungssteuer.

Zudem kommt es aber noch darauf an, ob ein Fonds die zwischenzeitlich erzielten Dividenden und Zinsausschüttungen thesauriert (also wieder anlegt) oder ausschüttet und in welchem Land der Fonds aufgelegt wurde. Zunächst aber die steuerlichen Regelungen vor und nach dem Jahreswechsel 2008/2009.

Bisher: Regeln für Investmentfonds nach altem Steuerrecht

Ob Aktien-, Renten- oder Mischfonds – für Fonds gibt es nach bisherigem Recht keine eigenen Regelungen. Vielmehr muss die Fondsgesellschaft am Ende eines jeden Jahres die erzielten Gewinne nach ihrer Art prozentual aufschlüsseln. Dann werden sie entsprechend besteuert, als hätten die Anteilseigner nicht in einen Fonds, sondern direkt in Aktien oder Rentenpapiere investiert. Bei Fonds kommt es also auf die Art der Erträge an: Handelt es sich um Zwischengewinne, um Zins- oder Dividendenausschüttungen, um Spekulationsgewinne oder um Kursgewinne außerhalb der Spekulationsfrist?

Zwischengewinne

Beim Kauf und Verkauf von Renten- und Mischfonds fallen sogenannte Zwischengewinne an, die sich als negative beziehungsweise positive Einkünfte niederschlagen. Unter Zwischengewinnen sind die Zinsen und Zinsansprüche zu verstehen, die im Preis eines Fondsanteils bereits enthalten sind. Diese müssen Sie mit Ihrem persönlichen Einkommenssteuersatz versteuern. Nach bisherigem Recht gilt:

• Beim Kauf von Fondsanteilen machen Sie einen Verlust, denn Sie zahlen ja Geld für die im Anteil enthaltenen Zwischengewinne. Verluste dieser Art werden von der depotführenden Bank in einem sogenannten Stückzinstopf angesammelt und mit Ihren positiven Zinseinkünften verrechnet. Sie vermindern damit die Steuern, die Sie auf Ihre Zinseinkünfte entrichten müssen.

• Beim Verkauf von Fondsanteilen erhalten Sie dagegen einen Teil des Fondspreises in Form von Zwischengewinnen. Diese müssen Sie in voller Höhe mit dem persönlichen Einkommenssteuersatz versteuern. Vorab wird darauf die Zinsabschlagssteuer von 30 % plus Solidaritätszuschlag abgeführt.

Dividenden

Für Dividenden, die aus dem Fondsvermögen gezahlt werden, gilt nach bisherigem Steuerrecht: Sie werden nach dem Halbeinkünfteverfahren versteuert. Das bedeutet: Nur die Hälfte der Dividenden wird mit dem persönlichen Einkommenssteuersatz des Anteilseigners belegt.

Allerdings gibt es eine Besonderheit: Als Abschlag auf die Steuerschuld des Anlegers führt die Fondsgesellschaft bei inländischen Fonds sofort eine 20-prozentige Kapitalertragssteuer (plus Soli) an den Fiskus ab. Als Inhaber von Fondsanteilen geben Sie die Dividenden dann in Ihrer Steuererklärung an. Das Finanzamt verrechnet dann diesen bereits gezahlten Abschlag mit Ihrer tatsächlichen Steuerschuld. Haben Sie zuviel gezahlt, bekommen Sie die Differenz erstattet, haben Sie zuwenig gezahlt, müssen Sie nachzahlen.

Bei ausländischen Fonds entfällt dieser Steuerabschlag auf Dividenden. Allerdings bekommen die Fonds die Dividenden deutscher Aktiengesellschaften bereits um 20 % gekürzt. Als Anleger sollten Sie diese Kürzung wie gezahlte ausländische Quellensteuern in Ihrer Steuererklärung geltend machen. Dividenden ausländischer Aktiengesellschaften bleiben zunächst ungekürzt. Die Pflicht, alle Dividenden in der Steuererklärung zu erfassen und sie nach dem Halbeinkünfteverfahren zu versteuern, besteht jedoch bei ausländischen Fonds ebenfalls.

Zinserträge

Zinserträge, die einem Fonds zufließen, müssen Sie als Anteilseigner voll mit Ihrem persönlichen Einkommenssteuersatz versteuern. Bei ausschüttenden Fonds führt aber zunächst die Fondsgesellschaft oder depotführende Bank die Zinsabschlagssteuer in Höhe von 30 % (plus Soli) ans Finanzamt ab. Erst bei der Steuerveranlagung wird diese dann mit der eigentlichen Steuerschuld verrechnet (eine ausführliche Erklärung hierzu finden Sie im Kapitel »Sparkonten, Sparbriefe, Festgeld und Tagesgeld«.)

Kursgewinne außerhalb der Spekulationsfrist

Kursgewinne, die Sie bei einem Verkauf von Fondsanteilen erzielen, bleiben komplett steuerfrei, sofern Sie sie länger als ein Jahr gehalten haben. Im Anteilspreis enthaltene Zwischengewinne werden separat berücksichtigt, denn sie fallen unter die Zinseinkünfte. So die nach bisherigem Steuerrecht gültige Regelung.

Spekulationsgewinne

Verkaufen Sie Fondsanteile schon innerhalb der Spekulationsfrist von einem Jahr, müssen Sie diese Spekulationsgewinne nach bisherigem Recht mit dem vollen Einkommenssteuersatz versteuern. Fondsanteile, die Sie also noch 2008 kaufen, müssen Sie mindestens ein Jahr und einen Tag lang halten, damit die Kursgewinne steuerfrei bleiben.

Ob die Fondsgesellschaft durch häufiges Umschichten innerhalb der Spekulationsfrist Gewinne macht oder nicht, ist bei Aktien-, Misch-, Renten- und Dachfonds bislang irrelevant (dieser Vorteil nennt sich »Fondsprivileg«). Nur bei offenen Immobilienfonds gilt eine andere Regelung (siehe Kapitel »Offene Immobilienfonds«).

Thesaurierender oder ausschüttender Fonds – spielt das bisher steuerlich eine Rolle?

Unter dem Strich nicht. Es ist letztlich gleichgültig,

• ob ein Fonds die Zinserträge und Dividenden ausschüttet, sprich: sie im Jahr der Ausschüttung an die Anteilseigner auszahlt, oder

• ob er die Zinserträge und Dividenden thesauriert, sprich: sie sofort wieder investiert und damit den Wert der Fondsanteile erhöht.

Auch bei thesaurierenden Fonds müssen Sie diese Erträge versteuern. Der Fiskus tut so, als wären die Erträge, die zunächst nur zum Fondsvermögen hinzugekommen sind, Ihnen als Anteilseigner direkt zugeflossen (»Zuflussfiktion«). Sie sind dann sofort im betreffenden Jahr steuerpflichtig. Sie finden diese Erträge im Jahresbericht der jeweiligen Fondsgesellschaft unter dem Begriff »ausschüttungsgleiche Erträge« (AGE) – jeweils getrennt nach Zinsen und Dividenden. Von den Zinsausschüttungen wird gegebenenfalls vorab eine Zinsabschlagsteuer in Höhe von 30 % (plus Soli) ans Finanzamt abgeführt. Bei Dividenden ist es eine Kapitalertragsteuer in Höhe von 20 % (plus Soli).

80

An Ihrer Gesamtsteuerlast ändert das nichts. Denn Sie müssen alle tatsächlich geflossenen oder »ausschüttungsgleichen« Erträge in Ihrer Steuererklärung angeben und die Zinszahlungen ganz, die Dividenden halb mit Ihrem persönlichen Einkommenssteuersatz (plus Soli und ggf. Kirchensteuer) versteuern. Diese Abschläge werden auf Ihre Steuerschuld angerechnet. Zuviel gezahlte Steuern bekommen Sie erstattet, zu wenig gezahlte Steuern müssen Sie nachentrichten.

In- oder ausländische Fonds: Macht das bisher steuerlich einen Unterschied?

Im Endeffekt spielt es keine Rolle, ob der Fonds im Inland oder im Ausland aufgelegt wurde. Nach bisherigem Recht unterscheidet sich lediglich die Vorab-Besteuerung:

• Bei inländischen Fonds führt die Fondsgesellschaft die Kapitalertragssteuer bzw. Zinsabschlagssteuer (plus Soli) ans Finanzamt ab.

• Bei ausländischen Fonds führt die depotführende inländische Bank die Kapitalertragssteuer bzw. Zinsabschlagssteuer (plus Soli) ab.

• Bei thesaurierenden ausländischen Fonds wird erst bei Verkauf oder Rückgabe der Anteile die Kapitalertragssteuer bzw. Zinsabschlagssteuer (plus Soli) auf die »akkumulierten ausschüttungsgleichen Erträge« abgeführt, also auf die Erträge, die sich während der Haltedauer angesammelt haben.

• Hat auch die Bank ihren Sitz im Ausland, behält sie ggf. Quellensteuer auf die Ausschüttungen oder »ausschüttungsgleichen Erträge« ein.

So kann sich bei in- und ausländischen Fonds zwar die vorab direkt ans Finanzamt abgeführte Steuer in der Höhe unterscheiden, nicht aber der Steuerbetrag, den Sie letztendlich auf Ihre Fondserträge zahlen. Hier gilt stets nach altem Steuerrecht: Dividenden müssen sie zur Hälfte, Zinserträge in vollem Umfang mit Ihrem persönlichen Einkommenssteuersatz versteuern.

**simplified
Mein Tipp:**

Entscheidend ist nicht der Sitz der Fondsgesellschaft, sondern die Frage, nach welchem Recht der Fonds aufgelegt wurde (nach deutschem Recht oder beispielsweise nach Schweizer oder Luxemburger Recht). Ob es sich um einen deutschen oder einen ausländischen Fonds handelt, steht im Fondsprospekt. Sie können es aber auch ganz einfach an der internationalen Wertpapier-Identifikationsnummer ISIN erkennen: Beginnt diese mit DE, handelt es sich um einen deutschen Fonds. Beginnt sie aber beispielsweise mit CH, wurde der Fonds in der Schweiz aufgelegt, beginnt sie mit LU, ist es ein Fonds nach Luxemburger Recht.

Künftig: Regeln für Investmentfonds nach Einführung der Abgeltungssteuer

Bei Fonds bringt die Abgeltungssteuer zwar nicht zwangsläufig eine finanzielle Erleichterung (Gewinne aus Aktienfonds werden sogar höher besteuert als bisher), sehr wohl aber eine gewisse Vereinfachung. Für alle ab 2009 gekauften Fondsanteile gilt: Sie versteuern Zwischengewinne, Dividenden, Zinserträge und Kursgewinne gleichermaßen mit dem Abgeltungssteuersatz von 25 % (plus Soli und ggf. Kirchensteuer).

Spielt es künftig eine Rolle, ob der Fonds thesauriert oder ausschüttet?

Nein. Zinsen und Dividenden müssen Sie weiterhin in dem Jahr versteuern, in dem sie anfallen. Wichtig: Das gilt auch künftig nicht nur für Fonds, die ausschütten, sondern ebenfalls für thesaurierende Fonds. Die Finanzverwaltung geht hier davon aus, dass Ihnen die Erträge aus Zinsen und Steuern also bereits zugeflossen sind, daher spricht man hier von der »Zuflussfiktion«. Am Ende eines jeden Jahres werden die Zinsen und Dividenden im Fondsbericht weiterhin als »ausschüttungsgleiche Erträge« deklariert.

82

Die Vorab-Besteuerung von Zinsausschüttungen und Dividenden bei thesaurierenden Fonds (»Zuflussfiktion«) entbehrt jeder Systematik, aber sie ist für den Fiskus sehr einträglich. Alle Proteste des Bundesverbands Investment und Asset Management e. V. (BVI), des Interessenverbands der Fondsgesellschaften, blieben in diesem Punkt vergeblich. Dabei erfolgt bei anderen vergleichbaren Wertpapieren (z. B. Zero Bonds, Bundesschatzbriefe Typ B) eine Besteuerung doch auch erst, wenn die Gewinne dem Anleger tatsächlich zufließen. Bei thesaurierenden Fonds dagegen fallen schon Steuern auf Einkünfte an, die Sie als Anteilseigner noch gar nicht auf Ihrem Konto haben.

Kritiker halten es für wahrscheinlich, dass es angesichts dieser Regelung häufig zu einer Doppelbesteuerung kommt: Sie zahlen einmal Abgeltungssteuer, wenn die Ausschüttungen thesauriert werden und später womöglich noch ein zweites Mal, wenn Sie die Fondsanteile verkaufen oder zurückgeben.

simplified
Mein Tipp

Eine Doppelbesteuerung ausländischer thesaurierender Fonds können Sie vermeiden, indem Sie Ihren Veräußerungsgewinn bei Verkauf oder Rückgabe von Fondsanteilen um die bis dahin entstandenen Thesaurierungsbeträge bereinigen. Die depotführenden Banken und die Fondsgesellschaften müssen die Daten noch über Jahrzehnte vorhalten. Im Zweifelsfall sind aber Sie als Anleger gegenüber dem Fiskus nachweispflichtig. Bewahren Sie daher diese steuerlichen Daten über die gesamte Haltedauer auf und überlassen Sie sie auf Nachfrage dem Finanzamt zur Prüfung.

Ist es künftig von Belang, ob der Fonds im In- oder im Ausland aufgelegt wurde?

Ob ein Fonds nach deutschem oder beispielsweise nach luxemburgischem Recht aufgelegt wurde, spielt künftig für die Höhe

83

der Steuern keine Rolle. Es ist aber relevant bei der Frage, ob Sie Ihre Erträge in der Steuererklärung angeben müssen oder nicht. Konkret gilt:

- Bei ausschüttenden Fonds aus dem In- und Ausland führt stets die depotführende Bank die Abgeltungssteuer (plus Soli und ggf. Kirchensteuer) an den Fiskus ab.

- Bei inländischen thesaurierenden Investmentfonds führt die Fondsgesellschaft die Abgeltungssteuer an den Fiskus ab.

- Bei ausländischen thesaurierenden Investmentfonds müssen Sie die »ausschüttungsgleichen Erträge« in der Steuererklärung selbst angeben und sie pauschal zum Abgeltungssteuersatz versteuern.

simplified
Mein Tipp

Fondsanteile sollten Sie nach Möglichkeit schon in diesem Jahr kaufen. Investieren Sie dabei vor allem in solche Fonds, die Sie lange Zeit halten können, ohne umschichten zu müssen (Indexfonds, branchen- und länderübergreifende Fonds, Dachfonds, Superfonds). Dann bleiben zumindest die Kursgewinne steuerfrei. Bei Dividenden und Zinsen, die Ihnen ab 2009 zufließen oder thesauriert werden, greift dann allerdings trotzdem die Abgeltungssteuer.

Achtung: Luxemburger Spezialfonds (»Reichenfonds«, Depots im Fondsmantel) sind kein Steuersparmodell mehr

Als die Regierungspläne zur Einführung der Abgeltungssteuer bekannt wurden, gingen die Banken sofort ans Werk, spezielle Fonds (»Luxemburger Spezialfonds«) für wohlhabende Anleger zu entwickeln. Sie warben offensiv, damit könne man der Abgeltungssteuer entgehen, wenn man nur sein Depot im Ausland in einen Fondsmantel einbetten ließe. Somit blieben, so das Werbeargument, auch nach 2008 alle Kursgewinne frei, selbst bei Umschichtungen. Schon für Depots ab einer Mindestsumme von 1,25 Mio. Euro boten die Banken ihre Dienste an. Schnell aber kam das Aus für dieses »Steuersparmodell«. Der Gesetzgeber legte fest: Solche »Reichenfonds« fallen schon ab einer Auflage am 9. November 2007 unter die Abgeltungssteuer. Also kann kein Anleger mehr steuerlich von dieser speziellen Konstruktion profitieren.

Fondssparpläne

Im Prinzip gilt für Fondssparpläne nichts anderes als für normale Investmentfonds (siehe oben). Die Frage ist nur, ab wann die Abgeltungssteuer auf Kursgewinne greift. Der entscheidende Punkt: Bei einem Fondssparplan kommt es nicht etwa darauf an, wann Sie ihn abgeschlossen oder eingerichtet haben, sondern allein darauf, wann die Fondsanteile wirklich gekauft werden.

Das bedeutet: Bei Fondsanteilen, die Sie im Rahmen Ihres Fondssparplans bis Ende 2008 erworben haben, bleiben die Kursgewinne außerhalb der Spekulationsfrist steuerfrei. Bei Fondsanteilen, die Sie dagegen erst ab 2009 erwerben, unterliegen Sie der 25-prozentigen Abgeltungssteuer (plus Soli und ggf. Kirchensteuer).

simplified
Mein Tipp

Sollten Sie in diesem Jahr 2008 noch einen kleineren oder größeren Betrag erübrigen können, legen Sie ihn lieber gleich in Fondsanteile an statt später. Falls nötig, setzen Sie zum Ausgleich den Fondssparplan ab Januar 2009 eine Weile aus, bis Sie die monatlichen Sparraten wieder von Ihrem laufenden Einkommen aufbringen können. Trennen Sie überdies möglichst Fondsanteile, die Sie 2008 oder vorher gekauft haben, von Fondsanteilen, die Sie ab 2009 kaufen. Das geht am einfachsten, indem Sie für letztere ein zweites Depot einrichten.

Riester- und Rürup-Fondssparpläne bleiben stets von der Abgeltungssteuer verschont

Eine Ausnahme unter den Fondssparplänen gibt es allerdings: Riester-Fondssparpläne. Haben Sie sich für diese Form der Altersvorsorge entschieden, profitieren Sie auch weiterhin von der Steuerfreiheit aller staatlich geförderten Altersvorsorge-Produkte. Das ist unabhängig davon, wann Sie den Riester-Vertrag abgeschlossen haben und gilt übrigens auch dann, wenn Sie überhaupt keinen Anspruch auf staatliche Zulagen oder steuerliche Begünstigungen für Ihren Riester-Vertrag haben (zum Beispiel als Selbstständiger, der nicht in die gesetzliche Rentenversicherung einzahlt und auch keinen Ehepartner hat, der das tut).

Gleiches gilt für Rürup-Fondssparpläne, ein Anlageprodukt, das erst im Laufe des Jahres 2008 angeboten werden soll (bisher hat es nur Rürup-Rentenversicherungen gegeben). Rürup-Fondssparpläne werden ebenfalls nach 2009 nicht von der Abgeltungssteuer betroffen sein.

---

simplified
Mein Tipp

Bei der Frage, ob Sie für sich einen Riester- oder Rürup-Fondssparplan abschließen oder nicht, brauchen Sie sich nicht zu beeilen, sondern Sie können sich aus steuerlicher Sicht auch noch Zeit lassen bis nach dem Jahr 2008. Überstürzen Sie nichts, denn den Vorteilen eines Riester- oder Rürup-Vertrags (staatliche Förderung und/oder steuerliche Begünstigung, Freiheit von der Abgeltungssteuer) stehen auch einige gravierende Nachteile gegenüber: Sie können nicht vor Beginn Ihrer Rente über das Geld verfügen, das angesparte Vermögen nicht beliebig auf Erben übertragen und Sie erzielen womöglich eine schlechtere Rendite durch staatlich vorgeschriebene Absicherungsmaßnahmen. All das sollten Sie bedenken und Ihre Entscheidung nicht allein von den steuerlichen Gegebenheiten abhängig machen.

Keine Steuerfreiheit für VL-Sparpläne

Vorsicht: Fondssparpläne, die Sie im Rahmen eines Vertrags über vermögenswirksame Leistungen abgeschlossen haben, bleiben nicht von der Abgeltungssteuer befreit. Hier gilt zwar für bis einschließlich 2008 gekaufte Anteile die günstigere Altfall-Regelung. Aber auf die Kursgewinne aller Anteile, die nach 2009 gekauft wurden, wird bei Verkauf die Abgeltungssteuer (plus Soli und ggf. Kirchensteuer) einbehalten.

Offene Immobilienfonds

Mit offenen Immobilienfonds kommen Sie nicht immer vollständig um die Abgeltungssteuer herum. Als Anteilseigner müssen Sie aber ab 2009 bei weitem nicht alle Erträge versteuern. Vor allem offene Immobilienfonds, die ihre Erträge mit ausländischen Immobilien erwirtschaften, gelten als Gewinner der Abgeltungssteuer.

Bisher: Regeln für offene Immobilienfonds nach altem Steuerrecht

Offene Immobilienfonds gehören nach bisherigem Recht zur Einkunftsart Kapitalvermögen. Für die verschiedenen Einnahmen aus offenen Immobilienfonds gelten bislang folgende steuerliche Regelungen:

Zinsen und Zwischengewinne

Zinseinkünfte fallen bei Immobilienfonds an, wenn das Fondsmanagement liquide Mittel zwischenzeitlich in verzinslichen Wertpapieren oder auf Zinskonten »parkt«. Zinsausschüttungen müssen mit dem persönlichen Einkommensteuersatz versteuert werden. Dasselbe gilt für Zwischengewinne. Bei inländischen Depots wird ggf. Zinsabschlagssteuer in Höhe von 30 % (plus Soli) einbehalten. Die Angabe in der Steuererklärung sorgt dann für eine Nachzahlung, wenn Ihr persönlicher Steuersatz höher sein sollte oder entsprechend für eine Erstattung, wenn Ihr persönlicher Steuersatz geringer ist oder Sie Ihren Sparerfreibetrag noch nicht voll ausgeschöpft haben.

Mieterträge Inland

Mieterträge des Fonds aus dem Inland gelten als Einkünfte aus Kapitalvermögen. Versteuern müssen Sie als Anteilseigner diese Erträge stets mit Ihrem persönlichen Einkommenssteuersatz. Davon abziehen können Sie allerdings die Abschreibungen, also die Verluste, die der Fonds durch Investitionen in den Immobilienbestand gemacht hat. Auch hiervon wird gegebenenfalls vorab die Zinsabschlagssteuer von 30 % (plus Soli) einbehalten.

Mieterträge Ausland

Ausländische Mieterträge bleiben in Deutschland steuerfrei, denn sie sind in aller Regel schon im Ausland besteuert worden. Das liegt daran, dass Deutschland mit den meisten in Frage kommenden Staaten ein Doppelbesteuerungsabkommen abgeschlossen hat. Ausländische Mieterträge müssen also hierzulande nicht versteuert werden, unterliegen aber derzeit noch dem Progressionsvorbehalt. Was bedeutet: Diese steuerfreien Einkünfte werden bei der Berechnung Ihres persönlichen Steuersatzes einbezogen. Das erhöht zwar nicht das zu versteuernde Einkommen, jedoch möglicherweise Ihren persönlichen Steuersatz.

Gewinne von Immobilienverkäufen nach mehr als 10 Jahren (inländische und ausländische Immobilien)

Gewinne erzielt ein offener Immobilienfonds auch, wenn das Fondsmanagement Immobilien aus dem eigenen Bestand verkauft. Geschieht dies erst nach Ablauf der 10-jährigen Spekulationsfrist, bleiben diese Gewinne stets steuerfrei, gleichgültig, ob sie im In- oder Ausland erzielt werden.

Spekulationsgewinne aus Immobilienverkäufen (inländische Immobilien)

Verkauft das Fondsmanagement dagegen inländische Immobilien innerhalb der 10-jährigen Spekulationsfrist, müssen Sie als Anteilseigner diese Gewinne mit Ihrem persönlichen Steuersatz versteuern. Das gilt auch, wenn diese Gewinne gar nicht ausgeschüttet, sondern thesauriert werden. In diesem Punkt unterscheiden sich offene Immobilienfonds von anderen Investmentfonds, bei denen Spekulationsgewinne im Fondsvermögen nach bisherigem Recht stets steuerfrei bleiben (»Fondsprivileg«).

Spekulationsgewinne aus Immobilienverkäufen (ausländische Immobilien)

Beim Verkauf ausländischer Immobilien bleiben Spekulationsgewinne in der Regel nach deutschem Steuerrecht unberücksichtigt, weil sie bereits nach ausländischem Recht versteuert wurden (Doppelbesteuerungsabkommen). Auch die ausländischen Spekulationsgewinne unterliegen hierzulande derzeit noch dem Progressionsvorbehalt, erhöhen also unter Umständen Ihren persönlichen Steuersatz.

Kursgewinne der Fondsanteile bei Verkauf nach mehr als einem Jahr

Kursgewinne, die Sie erzielen, indem Sie Ihre Anteile an einem offenen Immobilienfonds außerhalb der Spekulationsfrist von einem Jahr verkaufen, bleiben nach bisherigem Recht steuerfrei.

Spekulationsgewinne bei Verkauf der Fondsanteile binnen eines Jahres

Spekulationsgewinne, die Sie erzielen, indem Sie Ihre Fondsanteile innerhalb der Spekulationsfrist von einem Jahr verkaufen, müssen Sie nach bisher gültigem Steuerrecht mit Ihrem persönlichen Einkommenssteuersatz versteuern.

89

Künftig: Regeln für offene Immobilienfonds nach Einführung der Abgeltungssteuer

Für Anteile offener Immobilienfonds, die Sie erst ab dem Jahr 2009 kaufen, gilt Folgendes:

Mieterträge aus dem Inland

Von der Abgeltungssteuer in Höhe von 25 % (plus Soli und ggf. Kirchensteuer) betroffen sind künftig Mieterträge, die Ihnen auf Fondsebene aus inländischen Immobilien zufließen, gleichgültig, ob sie ausgeschüttet oder thesauriert werden.

Mieterträge aus dem Ausland

Mieterträge aus dem Ausland, die Ihnen auf Fondsebene zufließen, brauchen in Deutschland auch künftig nicht versteuert zu werden, weil in der Regel schon im Ausland Steuern darauf angefallen sind (Doppelbesteuerungsabkommen). Solche Einkünfte wirken sich zudem ab 2009 nicht mehr auf die Höhe Ihres persönlichen Einkommensteuersatzes aus. Weiterhin vorteilhaft: Der bislang geltende Progressionsvorbehalt entfällt. Das heißt: Sie brauchen diese Erträge ab 2009 nicht mehr in Ihrer Steuererklärung anzugeben.

Gewinne aus dem Verkauf inländischer Immobilien

Gewinne (normale Gewinne und Spekulationsgewinne) aus dem Verkauf inländischer Immobilien auf Fondsebene müssen Sie als Anteilseigner künftig mit dem Abgeltungssteuersatz von 25 % (plus Soli und ggf. Kirchensteuer) versteuern, selbst wenn der Fonds diese Gewinne thesauriert und nicht an Sie als Anteilseigner ausschüttet.

Gewinne aus dem Verkauf ausländischer Immobilien

Gewinne (normale Gewinne und Spekulationsgewinne) aus dem Verkauf ausländischer Immobilien auf Fondsebene werden in

Deutschland nicht mehr besteuert. Eine Besteuerung findet aber gegebenenfalls bereits vorher im Ausland statt.

Übergangsregelung

Für offene Immobilienfonds, die Sie bis einschließlich 2008 gekauft haben, gelten bei Immobilienverkäufen die alten steuerlichen Regeln: Solche Gewinne bleiben bei Veräußerung außerhalb der 10-jährigen Spekulationsfrist steuerfrei, aber bei einem Verkauf innerhalb der 10-jährigen Spekulationsfrist müssen Sie als Anteilseigner sie mit Ihrem persönlichen Einkommenssteuersatz versteuern.

simplified
Mein Tipp

Je mehr Immobilien des Fondsvermögens im Inland liegen, desto höher wird die individuelle Abgabenlast. Umgekehrt gilt: Je mehr Immobilien des Fondsvermögens im Ausland liegen, desto geringer wird die Abgabenlast für Sie als Anteilseigner. Denn die ausgeschütteten oder thesaurierten Miet- und Verkaufserlöse unterliegen weder bisher noch ab 2009 der Besteuerung. Dazu kommt, dass ab 2009 auch der Progressionsvorbehalt auf ausländische Immobilieneinkünfte gestrichen wird. Sie profitieren also damit vom neuen Recht. Wenn Sie Steuern sparen wollen, bevorzugen Sie also offene Immobilienfonds, die vorwiegend in ausländische Immobilien investieren.

Zertifikate

Bei Zertifikaten bietet Ihnen meist das alte Steuerrecht Vorteile. Eine Ausnahme bilden nur Garantiezertifikate (siehe Kapitel »Zero Bonds und andere Finanzinnovationen«) und die Knockout-Zertifikate (auch Hebelzertifikate genannt), sofern Sie diese bereits binnen Jahresfrist wieder verkaufen.

Häufig werden Sie bei Zertifikaten allerdings nicht in den Genuss des bisherigen Steuerrechts kommen. Denn für diese Wertpapierklasse, gleichgültig ob Index-, Discount-, Bonus- oder Hebelzertifikate, hat der Gesetzgeber die Übergangsfristen deutlich eingeschränkt. Konkret müssen Sie drei Gruppen unterscheiden:

- Gruppe 1: Zertifikate, die Sie spätestens am 14. März 2007 gekauft haben. Sie bleiben auch ab dem Jahr 2009 als sogenannte »Altfälle« von der Abgeltungssteuer verschont und fallen unter die bisherigen steuerlichen Regelungen.

- Gruppe 2: Zertifikate, die Sie zwischen dem 14. März 2007 und dem 31. Dezember 2008 gekauft haben und die Sie spätestens am 30. Juni 2009 wieder verkaufen. Auch für diese Zertifikate gelten ebenfalls noch die alten Steuerregeln.

- Gruppe 3: Zertifikate, die Sie nach dem 31. Dezember 2008 gekauft haben und Zertifikate, die Sie nach dem 14. März 2007 gekauft haben und über den 30. Juni 2009 hinaus halten. Gewinne aus solchen Zertifikaten fallen unabhängig von der Haltefrist ab 2009 unter die Abgeltungssteuer.

Bisher: Regeln für Zertifikate nach altem Steuerrecht

Da bei Zertifikaten keine festen Zinsen oder Dividenden vorkommen, geht es bei der Besteuerung vorrangig um Kursgewinne, die zwischen Ankauf und Verkauf (oder Fälligkeit) entstehen.

Kursgewinne außerhalb der Spekulationsfrist

Nach bisherigem Recht sind die Kursgewinne von Zertifikaten komplett steuerfrei, sofern Sie das Zertifikat länger als ein Jahr halten. Das gilt auch für Discount-Zertifikate mit längst überschrittenem Cap, die versierte Anleger häufig als Ersatz für festverzinsliche Wertpapiere einsetzen. Auch Bonuszahlungen, die Anleger bei Bonuszertifikaten erhalten, sofern eine bestimmte

Barriere nicht erreicht oder unterschritten wird, sind bislang nicht steuerpflichtig.

Spekulationsgewinne

Steuerpflichtig sind bei Zertifikaten dagegen Kursgewinne, die bei Verkauf oder Fälligkeit innerhalb der Jahresfrist anfallen. Halten Sie ein Zertifikat weniger als ein Jahr in Ihrem Depot, müssen Sie die Gewinne mit Ihrem vollen Einkommenssteuersatz versteuern (sofern sie nicht unter der Freigrenze von 512 Euro bleiben). Vor allem bei spekulativen Zertifikaten, wie beispielsweise Hebelzertifikaten, die den Zugewinn des Basiswerts vervielfachen, kommen solche Spekulationsgewinne häufig vor.

Künftig: Regeln für Zertifikate nach Einführung der Abgeltungssteuer

Für alle Zertifikate (Ausnahme: Garantiezertifikate), die Sie nicht vor dem 14. März 2007 erworben haben oder die Sie zwar seit diesem Datum gekauft haben, aber nicht rechtzeitig bis zum 30. Juni 2009 verkaufen, gilt künftig: Auf die Gewinne bei Verkauf oder Fälligkeit fallen einheitlich 25 % Abgeltungssteuer (plus Soli und ggf. Kirchensteuer) an. Gleiches gilt für Zertifikate, die Sie erst ab 2009 kaufen.

Rechenbeispiel

Sie besitzen seit April 2007 ein Discount-Zertifikat. Angenommen, es wird im ersten Halbjahr 2009 fällig und Sie erzielen damit einen Gewinn von 1.000 Euro. Dann bleibt dieser Gewinn nach altem Recht komplett steuerfrei (Kursgewinn außerhalb der einjährigen Spekulationsfrist).

Angenommen, das Discount-Zertifikat wird erst Ende 2009 fällig und Sie erzielen abermals einen Gewinn von 1.000 Euro. Dann wird dieser nach neuem Recht mit der Abgeltungssteuer belegt, so-

93

fern Sie den Sparerpauschbetrag bereits ausgeschöpft haben. Was konkret bedeutet: Die Bank behält, je nach Bundesland und Kirchenzugehörigkeit, zwischen 263,75 Euro und 279,80 Euro Abgeltungssteuer (inklusive Soli und ggf. Kirchensteuer) ein und führt sie an den Fiskus ab.

Vorteilhaft ist die Abgeltungssteuer dagegen bei einer Haltedauer von unter einem Jahr. Alle Spekulationsgewinne, die Sie erzielen, müssen Sie nicht mehr mit Ihrem persönlichen Einkommenssteuersatz, sondern nur noch mit dem Abgeltungssteuersatz von 25 % (plus Soli und ggf. Kirchensteuer) versteuern. Das betrifft vor allem Hebel-Zertifikate, die oft von spekulativen Anlegern als Trading-Instrument eingesetzt werden: Was Sie über den 30. Juni 2009 hinaus halten, wird für Sie steuergünstiger.

simplified
Mein Tipp

Bei Zertifikaten sollten Sie besonders genau auf die Haltedauer, den Kauf- und den Verkaufszeitpunkt achten:

- Sie fahren steuerlich am günstigsten, wenn Sie ein Zertifikat schon vor dem 14. März 2007 gekauft haben. Dann brauchen Sie sich nicht mehr um eventuelle Halte- oder Übergangsfristen zu kümmern. Die Kursgewinne bei Verkauf bleiben steuerfrei.

- Ebenfalls günstig ist es, ein seit dem 14. März 2007 gekauftes Zertifikat mindestens ein Jahr lang zu halten, es aber spätestens am 30. Juni 2009 wieder zu verkaufen. Auch hier fallen keine Steuern auf die Kursgewinne an.

- Sollte die Haltefrist aber weniger als ein Jahr betragen, verkaufen Sie ein Zertifikat besser erst nach dem 30. Juni 2009, um dann in den Genuss der günstigeren Abgeltungssteuer zu kommen. Sonst müssen Sie die Gewinne mit ihrem persönlichen Einkommensteuersatz versteuern, es sei denn, Ihre Spekulationsgewinne bleiben insgesamt unter der Freigrenze von dann 600 Euro.

Optionsscheine

Optionsscheine profitieren in aller Regel von der Einführung der Abgeltungssteuer. Das liegt aber nicht daran, dass sie steuerlich bevorzugt würden, sondern daran, dass sie zumeist als kurzfristige Trading-Positionen gekauft und häufig innerhalb der bislang noch gültigen Spekulationsfrist von einem Jahr wieder verkauft werden – was derzeit noch ein steuerlicher Nachteil ist, der aber mit Einführung der Abgeltungssteuer entfällt.

Bisher: Regeln für Optionsscheine nach altem Steuerrecht

Einnahmen erzielen Sie bei Optionsscheinen nur durch Kursgewinne. Ob diese allerdings versteuert werden müssen oder nicht, hängt von der Haltedauer ab:

- Steuerpflichtig sind nach bisherigem Recht Gewinne, die Sie innerhalb der Spekulationsfrist von einem Jahr erzielen. Diese müssen Sie mit Ihrem persönlichen Einkommenssteuersatz versteuern.

- Steuerfrei dagegen bleiben Gewinne, die Sie außerhalb der Spekulationsfrist von einem Jahr erzielen, also bei einer Haltedauer von mehr als einem Jahr. Solche Gewinne gibt es vor allem bei vergleichsweise lang laufenden »Marathon-Optionsscheinen«.

Künftig: Regeln für Optionsscheine nach Einführung der Abgeltungssteuer

Bei ab 2009 gekauften Optionsscheinen unterliegen alle Gewinne gleichermaßen der Abgeltungssteuer von 25 % (plus Soli und ggf. Kirchensteuer).

Nur die Gewinne aus »Altfällen«, also aus Optionsscheinen, die Sie spätestens am 31. Dezember 2008 gekauft haben, bleiben steuerfrei, sofern Sie sie länger als ein Jahr halten. Beträgt die

Haltedauer dagegen nur ein Jahr oder weniger, müssen Sie bei solchen »Altfällen« die Gewinne voll mit dem persönlichen Einkommenssteuersatz versteuern.

Genussscheine

Genussscheine sind ein Mittelding zwischen Aktien und Anleihen. Sie werfen eine Verzinsung ab (fest oder variabel) und der Genussscheininhaber hat kein Mitspracherecht beim emittierenden Unternehmen – in dieser Hinsicht ähneln Genussscheine den Anleihen. Ob ausgeschüttet wird, hängt allerdings davon ab, ob das emittierende Unternehmen Gewinne macht oder nicht. Außerdem werden Genussschein-Inhaber im Insolvenzfall des Emittenten nachrangig (also nach den Kreditgebern aber noch vor den Gesellschaftern) beziehungsweise gar nicht bedient. Die Höhe der Ausschüttung richtet sich meist nach der Gewinnsituation des Unternehmens. In dieser Hinsicht ähnelt die Stellung eines Genussschein-Inhabers der eines Aktionärs.

Wer einen Genussschein jahrelang hält und (in aller Regel) Jahr für Jahr die damit verbundenen Ausschüttungen bekommt, profitiert ab 2009 vom geringeren Abgeltungssteuersatz. Lediglich ein bestimmtes Steuersparmodell mit Genussscheinen, das sich bislang großer Beliebtheit erfreute und gut funktionierte, entfällt bei Genussscheinkäufen ab 2009. Im Hinblick auf dieses Steuersparmodell wirkt sich die Einführung der Abgeltungssteuer für Genusscheininhaber nachteilig aus.

Bisher: Regeln für Genussscheine nach altem Steuerrecht

Drei Arten von Einnahmen müssen Sie bei Genussscheinen unterscheiden:

- Ausschüttungen: Die in der Regel jährlichen Ausschüttungen von Genussscheinen sind in vollem Umfang steuerpflichtig. Als Anleger müssen Sie sie versteuern, als wären es normale

Zinseinnahmen. Bei Genussscheinen wird vorab eine Quellensteuer in Höhe von 25 % (plus Soli) einbehalten – diese liegt also etwas geringer als die Zinsabschlagssteuer. An Ihrer Pflicht, die Genussschein-Ausschüttungen selbst in der Steuererklärung zu deklarieren und sie mit Ihrem persönlichen Einkommenssteuersatz zu versteuern, ändert das aber nichts.

- Kursgewinne: Diese bleiben nach bisherigem Recht steuerfrei, sofern Sie den Genussschein länger als ein Jahr in Ihrem Depot gehalten haben.

- Spekulationsgewinne: Kursgewinne, die Sie bei einem Verkauf innerhalb der Jahresfrist erzielen, müssen Sie mit dem persönlichen Einkommenssteuersatz versteuern. Das ist aber bei Genussscheinen eher die Ausnahme und nicht die Regel.

So funktioniert bisher das Genussschein-Steuersparmodell

Anders als bei Anleihen gibt es bei Genussscheinen keine Stückzinsen. Der Käufer ist also nicht verpflichtet, künftig zu erwartende Zinsausschüttungen zeitanteilig an den Vorbesitzer zu erstatten. Das hat zur Folge, dass der Kurs eines Genussscheins innerhalb von 12 Monaten in aller Regel einen typischen Verlauf nimmt: Nach der Ausschüttung sackt er zunächst ab – in etwa um den Betrag, der an die Genussscheininhaber ausgeschüttet wird. Dann steigt er üblicherweise kontinuierlich bis zum nächsten Ausschüttungstermin wieder an. Die Ausschüttung findet meist kurz nach der Hauptversammlung des emittierenden Unternehmens statt. So sammeln sich die Zinsen der nächsten Ausschüttung gewissermaßen im Kurs des Genussscheins an.

Ein bisher beliebtes Steuersparmodell besteht darin, einen Genussschein zu kaufen und knapp zwei Jahre zu halten. Ein Anleger steigt in einen Genussschein ein, kurz nachdem die letzte Ausschüttung stattgefunden hat. Die folgende Ausschüttung ein Jahr später lässt er sich ganz regulär vom Emittenten auszahlen. Diese Einnahmen muss er mit seinem persönlichen Einkommenssteuersatz versteuern. Dann wartet er abermals ein Jahr ab, aber diesmal nur noch ein knappes Jahr. Direkt vor der nächsten

Ausschüttung verkauft er den Genussschein. Dadurch bekommt er zwar keine weitere Ausschüttung mehr, streicht aber dafür die im Kurs »aufgelaufenen« Zinsen steuerfrei ein. Durch die Haltefrist von mehr als einem Jahr ist außerdem gewährleistet, dass der Kursgewinn nicht unter die (steuerpflichtigen) Spekulationsgewinne fällt.

**simplified
Mein Tipp**

Wenn Sie Genussscheine bereits 2008 oder früher gekauft haben, können Sie von diesem Modell noch profitieren – gleichgültig, ob Sie sie schon im Jahr 2009 verkaufen oder erst später. Denn für solche Altfälle gilt das bisherige Steuerrecht. Nur auf eine Haltedauer von mehr als einem Jahr sollten Sie achten, damit Ihre Kursgewinne auch wirklich steuerfrei bleiben.

Künftig: Regeln für Genussscheine nach Einführung der Abgeltungssteuer

Für ab 2009 gekaufte Genussscheine gilt: Nicht nur die Ausschüttungen sind steuerpflichtig, sondern auch die bei Verkauf erzielten Kursgewinne – unabhängig von der Haltedauer. Sie werden einheitlich mit dem Abgeltungssteuersatz von 25 % (plus Soli und ggf. Kirchensteuer) versteuert. Die Möglichkeit, steuerfreie Kursgewinne zu erzielen, entfällt somit.

Dennoch profitieren Sie von der Einführung der Abgeltungssteuer – gerade bei Genussscheinen, die Sie für längere Zeit halten. Denn Sie zahlen maximal den Abgeltungssteuersatz für die Ausschüttungen (plus Soli und ggf. Kirchensteuer), aber auf keinen Fall mehr.

Bedingte Termingeschäfte (Optionen)

Wohl die wenigsten Privatanleger setzen bei der Geldanlage auf bedingte Termingeschäfte (Optionen) – trotzdem seien diese Investments der Vollständigkeit halber hier erwähnt.

Bisher: Regeln für bedingte Termingeschäfte nach altem Steuerrecht

Bei bedingten Termingeschäften gleicht die bisherige Besteuerung im Prinzip der von Aktien. Lediglich Einkünfte aus Dividenden fallen natürlich weg. Folgende Einnahmen sind zu unterscheiden:

Gewinne außerhalb der Spekulationsfrist

Wird das Termingeschäft erst nach Ablauf der Jahresfrist glattgestellt, bleiben die Gewinne nach bisherigem Recht steuerfrei.

Spekulationsgewinne

Spekulationsgewinne (eigentlich: »Gewinne aus privaten Veräußerungsgeschäften«) fallen an, wenn der Kauf eines Calls oder Puts und die spätere Glattstellung innerhalb der Spekulationsfrist von einem Jahr erfolgen. Diese Gewinne unterliegen dem persönlichen Einkommensteuersatz, es sei denn, sie blieben zusammen mit anderen Spekulationsgewinnen unter der Freigrenze von 512 Euro.

Stillhalterprämien

Stillhalterprämien für den Verkauf von Optionen fallen steuerlich nicht – wie vielfach irrtümlich angenommen – unter die Optionsgeschäfte, sondern werden nach bisherigem Recht als »sonstige Einkünfte« eingestuft. Diese Rechtsauffassung bestätigte der Bundesfinanzhof noch im Jahr 2007 (17.04.2007, Az.: IX R 40/06).

Stillhalterprämien sind demnach mit dem persönlichen Einkommenssteuersatz zu versteuern. Gezahlte Optionsprämien vermindern diese Gewinne, können aber bis einschließlich 2008 nicht mit Verlusten aus dem eigentlichen Optionsgeschäft, also Verlusten, die durch die Glattstellung entstehen, verrechnet werden.

Künftig: Regeln für Optionen nach Einführung der Abgeltungssteuer

Nach neuer Rechtslage werden die Gewinne aus allen Termingeschäften, die ab dem 1. Januar 2009 geschlossen werden, abgeltungssteuerpflichtig – unabhängig davon, ob die Glattstellung binnen eines Jahres erfolgt oder erst später.

Ab 2009 gelten außerdem auch die Stillhalterprämien als Einkünfte aus Kapitalvermögen (und nicht mehr wie bisher als »sonstige Einkünfte«). Deshalb mindern die gezahlten Optionsprämien ab Einführung der Abgeltungssteuer – anders als bisher – die steuerpflichtigen Einnahmen aus dem Glattstellungsgeschäft.

Edelmetalle, Antiquitäten und Kunst

Investieren Sie in Edelmetalle (Gold, Silber, Platin, Palladium), Antiquitäten und Kunst, brauchen Sie sich gegenüber früher nicht umzustellen. Denn diese Investments werden auch nach der Jahreswende 2008/2009 von der Abgeltungssteuer nicht betroffen sein. Das macht die Besteuerung ganz einfach – gleichgültig wann die Gewinne anfallen:

• die Gewinne aus solchen Investments bleiben steuerfrei, sofern Sie sie länger als ein Jahr gehalten haben.

• die Gewinne aus solchen Investments sind mit dem persönlichen Einkommenssteuersatz zu versteuern, sofern Sie sie binnen Jahresfrist ge- und wieder verkauft haben.

**simplified
Mein Tipp**

Die reinen Edelmetalle bleiben von der Abgeltungssteuer verschont, nicht aber Zertifikate, die zum Beispiel den Gold- oder Silberpreis abbilden. Daher meine Empfehlung: Bevorzugen Sie den Kauf physischer Edelmetalle, sonst fallen Ihre Gewinne nach neuem Recht unter die Abgeltungssteuer.

Immobilien

Auch Immobilien fallen ab dem Jahr 2009 nicht unter die Regelungen der Abgeltungssteuer. Was konkret bedeutet:

• Gewinne, die Sie durch den Verkauf außerhalb der Spekulationsfrist erzielen, bleiben nach wie vor steuerfrei. Beachten Sie allerdings, dass die Spekulationsfrist bei nicht selbstgenutzten Immobilien 10 Jahre beträgt.

• Gewinne, die Sie durch den Verkauf von selbstgenutzten Immobilien erzielen, bleiben steuerfrei, wenn Sie diese im Jahr des Verkaufs und in den beiden vorangegangenen Jahren selbst bewohnt haben.

• Gewinne, die Sie durch einen Verkauf innerhalb der Spekulationsfrist erzielen, müssen Sie mit dem persönlichen Einkommensteuersatz versteuern.

• Miet- und Pachteinnahmen sind ebenfalls abgeltungssteuerfrei, erhöhen aber das steuerpflichtige Einkommen und sind mit dem persönlichen Einkommensteuersatz zu versteuern. Dafür ist ein Werbungskostenabzug bzw. die Geltendmachung von Abschreibungen nach wie vor möglich.

Geschlossene Fonds

Geschlossene Fonds (z. B. Schiffsfonds, geschlossene Immobilienfonds oder Windpark- und Solarfonds) sind von der Einführung der Abgeltungssteuer in der Regel nicht betroffen. Denn die Anteile gelten als unternehmerische Beteiligung. Folglich erzielen Sie damit gewerbliche Einkünfte oder solche aus Vermietung und Verpachtung, die Sie stets mit Ihrem persönlichen Einkommenssteuersatz versteuern müssen. Das wird auch nach Einführung der Abgeltungssteuer ab dem Jahr 2009 so bleiben.

Allerdings hat der Gesetzgeber bei geschlossenen Fonds die Möglichkeiten einer Verlustzuweisung deutlich beschnitten. Außerdem wurde im Rahmen der Unternehmenssteuerreform die degressive Abschreibung abgeschafft. Das heißt: Die Investmentgesellschaft kann ihre Anfangsinvestitionen jetzt nicht mehr prozentual mit bis zu 30 % pro Jahr abschreiben, sondern muss die Verluste gleichmäßig über die gesamte Nutzungszeit verteilen. Für Anteilseigner wirken sich die Verluste, die ihnen die Fondsgesellschaft noch zuweisen kann und darf, längst nicht mehr so stark auf Ihre persönliche Steuerlast aus wie bisher. Somit haben viele geschlossene Fonds zumindest als Steuersparmodell ausgedient.

Riester- und Rürup-Rentenverträge

Riester- und Rürup-Rentenverträge bleiben von der Abgeltungssteuer verschont. Das gilt auch für Verträge, die Sie erst nach dem Jahreswechsel 2008/2009 abschließen. Es ist unabhängig davon, ob es sich dabei

• um einen Banksparplan (das gibt es nur als Riester-Vertrag),

• um einen Fondssparplan (das gibt es als Riester- und neuerdings auch als Rürup-Vertrag),

• um eine Fondspolice, auch fondsgebundene Rentenversicherung genannt, oder

• um eine reguläre Rentenversicherung handelt (beides gibt es als Riester- und als Rürup-Vertrag).

Versteuern müssen Sie bei Riester-Verträgen erst die Auszahlungen, die Sie aber frühestens mit 60 Jahren oder bei Berufsunfähigkeit erhalten können. Dann kommt Ihr persönlicher Steuersatz zum Tragen, er wird aber in der Regel niedriger sein als der Abgeltungssteuersatz, da das Einkommen im Rentenalter erfahrungsgemäß niedriger ist.

Bei Rürup-Verträgen (auch Basisrente genannt) können Sie Ihre Einzahlungen von der Steuer absetzen. Die späteren Auszahlungen müssen Sie dann versteuern. Nach und nach folgt dabei eine Umstellung auf eine sogenannte nachgelagerte Besteuerung. Das geht stufenweise aufwärts bis zum Jahr 2025 beziehungsweise 2040. Konkret:

• Im Jahr 2008 sind Einzahlungen bis 20.000 Euro je Steuerpflichtigem (bei zusammenveranlagten Ehepaaren dementsprechend 40.000 Euro), gemindert um die Einzahlungen in die gesetzliche Rentenversicherung oder Versorgungswerke, zu 66 % von der Steuer absetzbar, im Jahr 2009 bis zu 68 %, 2010 bis zu 70 %, und so geht es stufenweise aufwärts bis zum Jahr 2025. Ab dann sind 100 % der Einzahlungen steuerlich absetzbar, sofern sie einen bestimmten Mindestbetrag nicht überschreiten.

• Bei Auszahlungen aus einer Rürup-Rentenversicherung kommt es auf den Rentenbeginn an. Beginnt die Auszahlung 2008, müssen 56 % versteuert werden, bei einem Beginn 2009 sind es 58 %, 2010 sind es 60 %. Bei einem Rentenbeginn im Jahr 2040 oder später sind es dann 100 %.

**simplified
Mein Tipp**

Staatlich geförderte Riester-Verträge bleiben stets von der Abgeltungssteuer verschont, unabhängig davon, ob es sich um einen Banksparplan, einen Fondssparplan, eine Fondspolice oder eine klassische Rentenversicherung handelt. Dabei spielt es keine Rolle,

- ob Ihnen die staatliche Förderung in Form von Zulagen oder Steuerbegünstigungen zusteht, und

- ob Sie diese auch wirklich beantragen.

Sie zahlen somit auch dann keine Abgeltungssteuer, wenn Sie (beispielsweise als Selbstständiger) einen Riester-Vertrag abschließen, obwohl Sie gar nicht förderberechtigt sind. Einzige Voraussetzung: Der Vertrag muss für die staatliche Förderung zugelassen, also ein »zertifizierter Altersvorsorgevertrag« sein.

Private Rentenversicherungen ohne Kapitalwahlrecht

Einkünfte aus einer privaten Rentenversicherung fallen in der Regel nicht unter die Abgeltungssteuer. Dies gilt für fast alle Rentenversicherungen, sofern sie kein Kapitalwahlrecht vorsehen (also keine Möglichkeit, sich das Geld bei Fälligkeit in einer Summe auszahlen zu lassen). Abgeltungssteuerfrei bleiben

- Riester- und Rürup-Rentenverträge (siehe oben) und

- Rentenversicherungen, die Sie vor dem 1. Januar 2005 abgeschlossen haben. Entscheidend für den Abschluss ist hier nicht die Unterschrift, sondern das Datum der ersten Prämienzahlung.

Bei klassischen privaten Rentenversicherungen, die Sie bis einschließlich 31. Dezember 2004 abgeschlossen haben, gilt auch nach Einführung der Abgeltungssteuer das alte Steuerrecht weiter. Das bedeutet: Sie müssen nur den sogenannten Ertragsanteil mit Ihrem persönlichen Einkommenssteuersatz versteuern. Dieser Ertragsanteil ist nur ein Bruchteil Ihrer Rentenauszahlung. Wie hoch er ist, macht das Gesetz von Ihrem Alter bei Rentenbeginn abhängig. Einige Beispiele:

Alter bei Beginn der Rentenauszahlung	Anteil der Auszahlung, der versteuert werden muss
50 Jahre	30 %
55 Jahre	26 %
60 Jahre	22 %
65 Jahre	18 %
67 Jahre	17 %
70 Jahre	15 %

Sieht Ihre Rentenversicherung allerdings ein Kapitalwahlrecht vor, gelten diese Regeln nicht. In diesem Fall finden Sie Näheres zur Besteuerung vor und nach Einführung der Abgeltungssteuer im nächsten Kapitel.

Einige Rentenversicherungen sind voll steuerpflichtig

Unter die volle Steuerpflicht fallen Rentenversicherungen, die Sie erst ab dem Jahr 2005 abgeschlossen haben und die weder ein Riester- noch ein Rürup-Vertrag sind. Die Auszahlungen sind bis einschließlich 2008 mit dem persönlichen Steuersatz zu versteuern. Ab dem Jahr 2009 zahlen Sie darauf die Abgeltungssteuer.

simplified
Mein Tipp:

Erfahrungsgemäß sind die Einkünfte im Rentenalter in der Regel deutlich niedriger als während des Erwerbslebens. So kann es sein, dass Ihr persönlicher Einkommenssteuersatz dann unter dem Abgeltungssteuersatz von 25 % bleibt (das ist bei Ledigen etwa bei einem Jahreseinkommen von maximal 15.000 Euro der Fall, bei Verheirateten etwa bei maximal 30.000 Euro). In einem solchen Fall lohnt es sich für Sie, in der Steuererklärung die Veranlagung zum individuellen Einkommensteuertarif zu wählen. Dann zahlen Sie statt der Abgeltungssteuer nur Ihren persönlichen Einkommensteuersatz (plus Soli und ggf. Kirchensteuer).

Kapital-Lebensversicherungen und Rentenversicherungen mit Kapitalwahlrecht

Kapital-Lebensversicherungen und Rentenversicherungen mit Kapitalwahlrecht (also solche, deren Leistung Sie sich bei Fälligkeit in einer Summe auszahlen lassen können) fallen nicht immer unter die Abgeltungssteuer. Sie müssen hier unterscheiden zwischen

• Altverträgen, die spätestens im Jahr 2004 abgeschlossen wurden, und

• Neuverträgen, die erst im Jahr 2005 oder später abgeschlossen wurden

Dabei zählt als Abschlusszeitpunkt nicht der Tag, an dem Sie den Versicherungsvertrag unterschrieben haben, sondern der Tag, an dem Sie die erste Monatsprämie gezahlt haben.

Wichtig: Kapital-Lebensversicherungen, die Sie vor Ablauf von 12 Jahren kündigen oder verkaufen, bleiben nicht steuerfrei. Die Gewinne werden bis Ende 2008 nach dem persönlichen Einkommensteuersatz versteuert. Werden sie erst ab 2009 ausgezahlt, wird darauf die Abgeltungssteuer (plus Soli und ggf. Kirchensteuer) fällig.

Altverträge (Abschluss bis einschließlich 2004)

Als Altverträge gelten alle Kapital-Lebensversicherungen und Rentenversicherungen mit Kapitalwahlrecht, die Sie spätestens Ende Dezember 2004 abgeschlossen haben. Hier müssen Sie unterscheiden zwischen

• steuerbegünstigten Altfällen und

• nicht steuerbegünstigten Altfällen.

Steuerbegünstigte Altverträge

Von der Abgeltungssteuer verschont bleiben Versicherungen, die Sie spätestens im Jahr 2004 abgeschlossen haben. Die Beiträge können Sie teilweise von der Steuer absetzen und die Auszahlungen müssen Sie in der Regel überhaupt nicht versteuern. Allerdings müssen für diese steuerliche Begünstigung folgende Voraussetzungen zutreffen:

• Ihre Kapital-Lebensversicherung hat eine Laufzeit von mindestens 12 Jahren.

• Sie haben mindestens 5 Jahre lang Beiträge eingezahlt.

• Der Todesfallschutz beträgt mindestens 60 % der Versicherungssumme, das heißt, die Hinterbliebenen erhalten im Todesfall mindestens 60 % der gesamten Beitragssumme.

Treffen diese Kriterien zu, gilt im Detail – auch nach Einführung der Abgeltungssteuer – Folgendes: In aller Regel können Sie die gezahlten Beiträge von der Steuer absetzen, derzeit bis zu einem Umfang von 88 %. Zusammen mit anderen absetzbaren Versicherungen darf allerdings der Höchstbetrag von 1.500 Euro (Angestellte) bzw. 2.400 Euro (Selbstständige) jährlich nicht überschritten werden. Die Auszahlung bleibt komplett steuerfrei.

Nicht steuerbegünstigte Altverträge

Erfüllt aber Ihre Kapital-Lebensversicherung oder Rentenversicherung mit Kapitalwahlrecht die oben genannten Kriterien nicht oder sollten Sie die Versicherung vor Ablauf von 12 Jahren kündigen oder verkaufen, wird der steuerpflichtige Ertrag anhand der erzielten »rechnungsmäßigen und außerrechnungsmäßigen Zinsen« ermittelt. Gemeint ist damit

- der Garantiezins, der Ihnen gesetzlich zusteht, und zusätzlich

- das, was die Versicherung darüber hinaus an Zinsen zahlt.

Der steuerpflichtige Ertrag ist meist nur etwa ein Fünftel bis ein Drittel der Auszahlungssumme. Diesen versteuern Sie dann voll, bei Zufluss bis einschließlich 2008 mit Ihrem persönlichen Einkommenssteuersatz, bei Zufluss ab dem Jahr 2009 mit dem Abgeltungssteuersatz (plus Soli und ggf. Kirchensteuer).

Drei Unterfälle gibt es also bei den vor 2005 abgeschlossenen Kapitallebensversicherungen:

Übersicht Altverträge (Abschluss vor 2005)

	Fall 1 steuerbegünstigt, Auszahlung 2008, 2009 oder später	Fall 2 nicht steuerbegünstigt, Auszahlung 2008	Fall 3 nicht steuerbegünstigt, Auszahlung 2008 oder später
Besteuerung	Auszahlungen bleiben komplett steuerfrei	Ertragsanteil der Auszahlung ist mit den persönlichen Steuersatz zu ver-	Ertragsanteil der Auszahlung ist mit dem Abgeltungssteuersatz zu versteuern (Wahloption: persönlicher Steuersatz bei Angabe in der Steuererklärung)

Neuverträge (Abschluss ab 2005)

Neuverträge sind Kapital-Lebensversicherungen oder Rentenversicherungen mit Kapitalwahlrecht, bei denen Sie die erste Prämie erst nach dem 31. Dezember 2004 gezahlt haben. Auch hier müssen Sie unterscheiden zwischen

Handelsblatt Elite Report Edition
SONDERPREIS 2008
V.M.Z. beste Fondsvermögensverwaltung

impulse 12/06
V.M.Z.
gehört zu den besten deutschen Vermögensverwaltern

Bestseller 2006
Das Buch: „Mit Sicherheit erfolgreich"

impulse 3/05
Bester Fondsvermögensverwalter
2002 bis 2004
Doppelsieg (2 von 3 Kategorien)

Capital n-tv DAB
Großer Vermögensverwalter-Contest 2004:
V.M.Z. Depot
1. Platz
(Stand: 24.12.04)

DMEuro 8/2003
1. Platz (Depot)
und
Fondsmanager des Monats

Börsentrend 1/2000
Portfoliomanager
des Jahres **1999**

n-tv Telebörse
Seit 1998: n-tv Investmentfondsexperte

FINANZEN
Deutschlands bester 1997 Fondspicker

FINANZEN
Deutschlands bester 1996 Fondspicker

Abgeltungssteueroptimiert!

ZschaberStrategien®

Vermögensverwaltung mit Investmentfonds

Strategische Vermögensverwaltung mit Investmentfonds

Privatanlegern steht heute eine Vielzahl von Möglichkeiten für die Geldanlage an den Kapitalmärkten zur Verfügung. Diese Märkte unterliegen kontinuierlich Schwankungen und die Vorhersagbarkeit der Börsenphasen wird immer schwieriger. Dazu gibt es große Qualitätsunterschiede bei den immer zahlreicher werdenden Investmentfonds: Es ist nicht nur komplizierter geworden, den zum jeweiligen Anlagebedarf und Anlageziel passenden Fonds zu finden – die strategische wie auch taktische Ausrichtung muss regelmäßig überprüft werden, um finanziell erfolgreich zu sein. Aufgrund der Veränderungen in der Finanzwelt reicht es nicht mehr aus, ein starres Fondskonzept für viele Jahre zu kaufen.

> **Das ideale Konzept für die finanziell gesicherte Zukunft ist eine vermögensverwaltende Fondskonstruktion, die sowohl in guten als auch in schwierigen Börsenzeiten flexibel reagiert.**

Mit der

ZschaberStrategieDefensiv®
ZschaberStrategieBalance®
ZschaberStrategieDynamic®

wird für jeden Anlagebedarf die geeignete Anlageform angeboten, gestützt auf langjähriges Know-how und bewährte Managementqualitäten. Das besondere daran: Diese Vermögensverwaltungs-Fondskonzepte nach der modernen Portfoliotheorie berücksichtigen selbstverständlich alle Entwicklungen an den Finanzmärkten der letzten Jahre.

Aktives Management für gute Renditen

Vermögensanlage muss aktiv betreut werden: Das übernimmt Namensgeber und V.M.Z. Geschäftsführer Markus C. Zschaber persönlich. Hintergründe und Fakten an den Börsen vermögen nur wenige kompetente Vermögensverwalter und Banken umzusetzen.

Markus C. Zschaber

Börsenexperte Markus C. Zschaber ist mit seinem Team seit mehr als vierzehn Jahren genau auf diesen Bereich spezialisiert. Die strategische und taktische Fondsausrichtung aufgrund von internationalen Kapitalmarktveränderungen stellt den ausschlaggebenden Unterschied zwischen dem Börsenlaien und Investmentprofi dar.

> **Die V.M.Z. Fondsspezialisten suchen und finden für Sie die besten und erfolgreichsten Investmentfonds – regional und weltweit.**

Die verschiedenen Fondssegmente sollen Gewinne in guten und in schwierigen Börsenzeiten ermöglichen. Der Auswahlprozess der letzten Jahre im Bereich der Vermögensverwaltung hat bewiesen: Nur Fachkompetenz sichert den Kunden langfristigen Finanzerfolg.

Die V.M.Z. ist Mitglied im:

 *VFI (Verband der Finanzdienstleistungsinstitute)*

 *Bundesverband Deutscher Stiftungen*

Die V.M.Z. wird beaufsichtigt durch:

Bundesanstalt für Finanzdienstleistungsaufsicht (BAFIN): Lizenziertes Finanzdienstleistungsinstitut nach § 32 KWG

Die Erhaltung und Vermehrung Ihres Vermögens steht im Mittelpunkt der V.M.Z. Tätigkeiten und den damit verbundenen, sorgfältig erarbeiteten Lösungen. Die innovativen und erfolgreichen Vermögensverwaltungs-Fondskonzepte der V.M.Z. sind geprägt von langjährigem Know-how und den global orientierten Strategien von Markus C. Zschaber und seinem Team.

Die richtige Strategie

Für die Umsetzung der verschiedenen persönlichen Investitionsziele stehen unterschiedliche **Zschaber-Strategien**® zur Verfügung. Diese gliedern sich hinsichtlich ihrer Gewichtung von eher sicherheitsbetonten und chancenorientierten Anlagen in Investmentfonds. Den **Zschaber-Strategien**® liegt ein ausgewogenes Selektionsverfahren zugrunde. Das Besondere daran: Es werden dafür nicht nur Aktien- und Rentenfonds berücksichtigt – ebenso kann in Offene Immobilien-, defensive Misch-, Geldmarkt-, Währungs- und Absolute Return/Total Return Fonds sowie REITs-Fonds investiert werden. Durch deren optimale Kombination innerhalb der von Ihnen gewählten **Zschaber-Strategien**® ist Ihr Vermögen in Zeiten von Marktschwankungen unabhängiger und hat zudem zusätzliche Renditechancen.

Einzigartige Vorteile

- Vermögensverwaltung mit allen Kategorien von Investmentfonds

- Freie Wahl zwischen maßgeschneiderten Anlagevarianten- für jeden Anlagebedarf

- Abgeltungssteueroptimiertes Fondskonzept

- Renommierte Fondsexpertise durch V.M.Z. Geschäftsführer Markus C. Zschaber, einen der erfolgreichsten Vermögensverwalter Deutschlands, und sein Spezialistenteam

- Regelmäßige Anpassungen innerhalb der **Zschaber-Strategien**© an die jeweiligen Markterfordernisse

- Profitieren von den Top-Fonds führender Gesellschaften und besten Fondsmanagern der Welt

- Solides wissenschaftliches Fundament ohne Abhängigkeit von Analystenmeinungen

- Jederzeit freie Verfügbarkeit über das Vermögen

**Drei maßgeschneiderte Vermögensver-
waltungs-Fondskonzepte** bieten für jeden
Anlegertyp und jedes Anlageziel das Richtige:

ZschaberStrategieDefensiv® Risiko | Ertrags-chancen

**100 % ertragsorientierte Invest-
mentfonds**

**Offene Immobilien-, Renten-,
defensive Misch-, Währungs-,
Geldmarktfonds etc.**

Dieses vermögensverwaltende Fondskonzept investiert zu 100 Prozent in
ertragsorientierte Investmentfonds
aus diversen Anlageklassen, ohne
eine direkte Investition in Aktienfonds.
Investitionen können in Offene Immobilien-,
Renten-, defensive Misch-, Geldmarkt-,
Währungs- und Absolute Return/Total Return Fonds sowie REITs-Fonds getätigt
werden. **Diesen Fonds wählen Anleger,
die ein komfortables und risikoärmeres
Anlagekonzept wünschen.**

ZschaberStrategieBalance® Risiko | Ertrags-chancen

30 % Aktienfonds (max.)

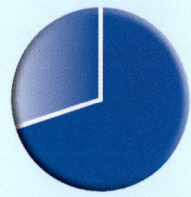

**70 % Offene Immobilien-,
Renten-, defensive Misch-,
Währungs-, Geldmarktfonds
etc. (min.)**

Gute Renditeaussichten bei mittlerem Risiko: Maximal 30 Prozent Aktienfondsanteil
sollen einen zusätzlichen Mehrertrag erwirtschaften. Die Basis in Höhe von 70 Prozent
bilden u. a. Offene Immobilien-, Renten-, defensive Misch-, Geldmarkt-, Währungs- und
Absolute Return/Total Return Fonds sowie
REITs-Fonds. **Für Anleger, die neben kon-
tinuierlicher Kapitalentwicklung auch
einen Aktienfondsanteil mit ausgewo-
genem Risiko wünschen.**

ZschaberStrategieDynamic®

70 % Aktienfonds (max.)

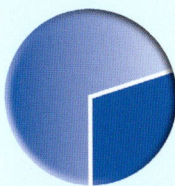

30 % Offene Immobilien-, Renten-, defensive Misch-, Währungs-, Geldmarktfonds etc. (min.)

Dieses vermögensverwaltende und spezialisierte Fondskonzept soll kontinuierlich bis zu 70 Prozent in ertragsstarke Aktienfonds mit langfristigem Gewinnpotential und guter Leistungsbilanz investieren. **Geeignet für Anleger, die erhöhte Wertschwankungen in Kauf nehmen, um von einem chancen- und wachstumsorientierten Fondsportfolio zu profitieren.**

Vermögensverwaltungs-Fondskonzepte:

Die **ZschaberStrategien®** investieren unter anderem in die Fonds der Gesellschaften DWS, UBS, Fidelity, Nordea, Franklin Templeton, BlackRock Merrill Lynch, SEB, JP Morgan, Schroders, Vontobel, MEAG, M&G, Axxion, Goldman Sachs, First State, HSBC, Carmignac, Henderson, Invesco, Sarasin, KanAm, AXA, Credit Suisse, DEGI, Griffin, Oyster, MainFirst, Threadneedle.

Grundsatz: Alle Fonds unterliegen den Risiken der in ihnen gehaltenen Finanzinstrumente. Die Entwicklung der Finanzinstrumente des Fonds hat direkte Auswirkungen auf den Anteilswert des Fonds. Insbesondere Anlagen in Aktien unterliegen erheblichen Risiken aufgrund des mit Aktien verbundenen unternehmerischen Basisrisikos. Bitte beachten Sie die Risikohinweise in den Unterlagen der einzelnen Fonds (Verkaufsunterlagen etc.).

Die Abgeltungssteuer: Handeln Sie rechtzeitig!

Im Juli 2007 hat der Bundesrat im Zuge der Unternehmenssteuerreform der geplanten Einführung der Abgeltungssteuer ab dem 1. Januar 2009 zugestimmt. Die neue Gesetzgebung zur Besteuerung der Einkünfte aus Kapitalvermögen wird insbesondere bei der Besteuerung der Gewinne aus privaten Veräußerungsgeschäften gravierende Auswirkungen haben und ist somit ein großer Nachteil für private Anleger.

Der Gesetzgeber hat allerdings die Möglichkeit offen gelassen von einer „Altfall-Regelung" zu profitieren: Dazu müssen Privatanleger jetzt handeln und noch vor dem 31. Dezember 2008 in geeignete Anlageformen investieren. Die Besonderheit: Investmentfonds, die noch vor dem 31. Dezember 2008 gekauft werden, fallen unter die sogenannte „Altfall-Regelung", bezüglich der Steuerfreiheit von Veräußerungsgewinnen. Das heißt: Nach Ablauf der einjährigen Spekulationsfrist sind alle Veräußerungsgewinne steuerfrei, da diese weiterhin unter die bisherige Steuerregelung fallen. Unsere Antwort auf die Abgeltungssteuer:
Die
ZschaberStrategieDefensiv®
ZschaberStrategieBalance®
ZschaberStrategieDynamic®
fallen aufgrund ihres spezialisierten Fondsmantels unter diese Altfall-Regelung, wenn der Kunde seine Investition vor dem 31. Dezember 2008

tätigt und mindestens zwölf Monate hält. Somit ist diese Vermögensverwaltung, die in unterschiedliche Zielfonds/Investmentfonds investiert, bei der Realisierung von Kursgewinnen innerhalb unserer Fonds abgeltungssteuerbefreit. Unser aktives Management erzielt seit mittlerweile 14 Jahren einen enormen Mehrwert gegenüber starren Fondsdepots oder Dachfonds und bietet jetzt unter dem Aspekt der neuen Gesetzgebung auch noch die Steuerattraktivität.

Vorteile für Privatanleger im Überblick:

- Der Wechsel vom privat verwalteten Depot in die V.M.Z. Vermögensverwaltungsfonds lohnt sich aufgrund der Abgeltungssteuer mehr denn je!

- Privatanleger können zukünftig ihr Depot nicht mehr steuerfrei umschichten und den Marktbegebenheiten anpassen. Die V.M.Z. Vermögensverwaltungsfonds behalten vollkommene Flexibilität bei hundertprozentiger Steuerfreiheit auf Kursgewinne innerhalb der Strategie.

- Gleichzeitig profitiert der Investor langfristig von den Vorteilen des aktiven Portfoliomanagements.

- Nutzen Sie das bewährte und vielfach ausgezeichnete Managementteam um Chefstratege Markus C. Zschaber für Ihre Vermögensanlage.

Referenzen und Medien

Kompetenz und Erfahrung in Sachen Finanzinstrumente bestimmen über den Erfolg einer Geldanlage. Zahlreiche Referenzen der hochrangigen Finanzmedien sprechen für sich.

Die V.M.Z. ist seit mehr als 14 Jahren eine der erfolgreichsten Vermögensverwaltungen Deutschlands und damit der kompetente Partner für den persönlichen Vermögensaufbau: Langfristig, unabhängig und professionell.

Bekannt aus zahlreichen Interviews in den TV- und Printmedien ist die V.M.Z. der Ansprechpartner für den Vermögensaufbau mit Investmentfonds. Dreh- und Angelpunkt dieser einmaligen Erfolgsgeschichte ist Geschäftsführer Markus C. Zschaber. Als Chefstratege der V.M.Z. Vermögensverwaltung wird er von allen führenden Finanzmedien als Berater für sämtliche Fragen zu den Themen Vermögensanlage und Vermögensaufbau hinzugezogen.

Spitzenplätze in den Rankings und zahlreiche Auszeichnungen belegen Kompetenz, Erfahrung und das umfangreiche Fachwissen von Geschäftsführer Markus C. Zschaber. Geschätzter Finanzexperte: Markus C. Zschaber steht fast allen hochrangigen Finanzmedien beratend zur Seite. Auch der Nachrichtensender n-tv lädt den V.M.Z. Geschäftsführer regelmäßig zu Interviews in die Telebörse ein.

Abgeltungssteuer – na und!

So schützen Sie Ihre Finanzen vor dem Fiskus. Das neue Buch von Bestsellerautor Markus C. Zschaber zeigt die Lösung zur Abgeltungssteuer-Thematik auf (FinanzBuch Verlag, ab März 2008 im Handel erhältlich). ISBN: 978-3-89879-389-6

Telefon: (02 21) 3 50 26–0, Internet: www.zschaber.de

Konditionen

ZschaberStrategien® –Anlagevarianten

Anlagekonto	Konto und Depot auf Kundenname bei der Augsburger Aktienbank AG
Anlageformen	Einmalanlage Entnahmeplan
Konto-/ Depotgebühren	30,– € p. a. zzgl. MwSt.
Einmaliger Ausgabeaufschlag	3 %
Verwaltungsvergütung*	ZS Defensiv: 0,95 % ZS Balance: 1,60 % ZS Dynamic: 1,80 % (Bestandsprovisionen der einzelnen Fondsgesellschaften werden dem jeweiligen Sondervermögen zugeführt.)
Depotbankvergütung	max. 0,10 % p. a.
Exklusivanbieter	ZGS GmbH
KAG	Universal-Investment-Gesellsch. mbH
Depotbank	Hauck & Aufhäuser Privatbankiers KGaA

* setzt sich zusammen aus Verwaltungsvergütung, Beratungs- oder Asset- Managementvergütung

Ausführliche Informationen, übersichtliche Auszüge und umfangreiches Informationswesen für Anleger der ZschaberStrategien ®: Alle Veränderungen innerhalb der ZschaberStrategien® sind anhand des übersichtlichen Factsheets nachzuvollziehen, womit die Möglichkeit des direkten Einblicks (auf Monatsbasis) geboten wird. Weitere ausführliche Informationen bieten die V.M.Z. Wochenmail, in der aktuelle Ereignisse der Kapitalmärkte aufgearbeitet werden und der Monatsbericht per E-Mail, der umfangreich über die wichtigsten Begebenheiten an den internationalen Börsen berichtet. Die halbjährlich und jährlich zugestellten Vermögensübersichten, Kontoauszüge und Depotauszüge der Augsburger Aktienbank AG ergänzen das ausführliche V.M.Z. Reporting gegenüber dem Kunden. Zum Ende des Jahres erfolgt automatisch die Zustellung eines übersichtlichen Auszugs, der alle Angaben über das Geschäftsjahr enthält und im Wesentlichen etwaige Steuererklärungen maßgeblich erleichtert. Selbstverständlich kann der Anleger jederzeit aktuelle Depotstände und Vermögensberichte anfordern.

© V.M.Z. GmbH. Alleinverbindliche Grundlage für den Kauf der ZschaberStrategieDefensiv, Balance und Dynamic® sind die Verkaufsunterlagen, derzeit der aktuelle vereinfachte und ausführliche Verkaufsprospekt. Diese bieten die Grundlage für die Entscheidung einer Investition. Die hier vorliegende Broschüre stellt kein Angebot und keine Aufforderung zum Kauf dar. Angegebene, historische Wertentwicklungen sind keine Garantien für zukünftige Wertentwicklungen. Die offiziellen und gültigen Verkaufsunterlagen können kostenlos bei der V.M.Z. angefordert werden.

Die ZschaberStrategien® sind ein eingetragener Markenname und werden vermittelt über die ZGS GmbH.

Fondsberater:
V.M.Z. Vermögensberatungs-, Verwaltungs- und Vermittlungsgesellschaft für int. Kapitalanlagen mbH
Bayenthalgürtel 13 · 50968 Köln (Marienburg)
Telefon: (02 21) 3 50 26-0 · Telefax: (02 21) 3 50 26-26
E-Mail: info@vmz-online.de · Internet: www.zschaber.de

• nicht steuerbegünstigten Neuverträgen und

• steuerbegünstigten Neuverträgen.

Nicht steuerbegünstigte Neuverträge

Sie sind in der Regel steuerlich schlechter gestellt als Altverträge: Zum einen können Sie als Versicherungsnehmer die Beiträge nicht mehr steuerlich geltend machen (das geht nur noch bei Riester- und Rürup-Verträgen). Zum andern müssen Sie die Erträge versteuern. Dabei werden die Erträge, grob vereinfacht, so ermittelt:

Auszahlung bei Fälligkeit
– Prämienzahlungen während der gesamten Laufzeit

= Ertragsanteil

Diesen Ertragsanteil müssen Sie nach bisherigem Recht bei Zufluss bis einschließlich 2008 mit Ihrem persönlichen Einkommenssteuersatz versteuern. Ab 2009 wird davon einheitlich der Abgeltungssteuersatz von 25 % (plus Soli und ggf. Kirchensteuer) einbehalten.

Steuerbegünstigte Neuverträge

Bestimmte Neuverträge werden aber bevorzugt behandelt: Nämlich solche, die der Altersvorsorge dienen. Findet die Auszahlung nicht vor Vollendung des 60 Lebensjahres des Versicherungsnehmers statt und beträgt die Laufzeit mindestens 12 Jahre, dann ist nur die Hälfte des Ertragsanteils steuerpflichtig. Eigentlich zählt hier der individuelle Einkommenssteuersatz. Die Versicherungsgesellschaft muss aber vorab die Abgeltungssteuer (plus Soli und ggf. Kirchensteuer) abführen.

Aber aufgepasst – genau hier liegt die Crux: Die Versicherungsgesellschaft ist verpflichtet, bei Fälligkeit jeder Kapitallebensversicherung ab dem Jahr 2009 immer zunächst die Abgeltungssteuer in Höhe von 25 % (plus Soli und ggf. Kirchensteuer) ein-

109

zubehalten, und zwar stets bezogen auf den vollen Ertragsanteil. Das heißt, Sie zahlen womöglich zuviel Steuern, die Sie sich per Steuererklärung unbedingt wiederholen sollten.

simplified
Mein Tipp

Aufgepasst, wenn Ihre steuerbegünstigte Kapitallebensversicherung 2009 oder später fällig wird. Die auszahlende Versicherung führt die Abgeltungssteuer (plus Soli und ggf. Kirchensteuer) stets auf den vollen Ertragsanteil ans Finanzamt ab – auch wenn nur die Hälfte der Erträge mit dem persönlichen Einkommenssteuersatz versteuert werden müsste. Dazu ist sie nach den Vorgaben des Gesetzgebers auch verpflichtet. In diesem Fall hat aber die »Abgeltungssteuer« ausnahmsweise keine abgeltende Wirkung, sondern wirkt genau wie die bisherige Zinsabschlagssteuer. Da hilft Ihnen nur eines: Geben Sie die Auszahlung in Ihrer Steuererklärung an (hier tragen Sie allerdings nur den steuerpflichtigen halben Ertragsanteil unter »sonstige Einkünfte« ein). Nur dann bekommen Sie nachträglich Ihre zuviel gezahlten Steuern vom Finanzamt zurück.

Übersicht Neuverträge (Abschluss ab 2005)

	Fall 1	Fall 2	Fall 3	Fall 4
	Nicht steuerbegünstigt, Auszahlung 2008	Nicht steuerbegünstigt, Auszahlung 2009 oder später	Steuerbegünstigt, Auszahlung 2008	Steuerbegünstigt, Auszahlung 2009 oder später
Besteuerung	Ertragsanteil der Auszahlung ist mit dem persönlichen Steuersatz zu versteuern	Ertragsanteil der Auszahlung ist mit dem Abgeltungssteuersatz zu versteuern	Ertragsanteil der Auszahlung ist zur Hälfte mit dem persönlichen Steuersatz zu versteuern	Ertragsanteil der Auszahlung zur Hälfte mit dem persönlichen Steuersatz zu versteuern. Aber: Versicherer führt vorab Abgeltungssteuer auf den vollen Ertragsanteil ab. Steuererstattung nur durch Deklaration in Steuererklärung möglich

Fondsgebundene Lebensversicherungen (= »Fonds im Versicherungsmantel«)

Die oben aufgeführten Steuerregelungen gelten auch für fondsgebundene Lebensversicherungen (»Fondspolicen«), sofern die Auszahlung bei Fälligkeit in einer Summe erfolgt. Solche Fondspolicen werden von den Versicherern derzeit häufig als »Steuersparmodell« propagiert (»Fonds im Versicherungsmantel«).

simplified
Mein Tipp

Den Werbeversprechen der Versicherungsanbieter sollten Sie allerdings mit Misstrauen begegnen. Zwar mögen Sie mit einer fondsgebundenen Lebens- oder Rentenversicherung Steuern sparen, aber die Rendite fondsgebundener Versicherungen lässt oft zu wünschen übrig. Das liegt daran, dass im Vordergrund solcher Anlageprodukte die Absicherung steht und nicht etwa die Maxime, die mögliche Rendite zu optimieren.

So werden keineswegs Ihre gesamten Versicherungsprämien in den Fondskauf investiert, sondern nur das, was nach Abzug aller Verwaltungsgebühren und nach der Bildung der Reserven für den Todesfallschutz übrig bleibt. Dazu kommt, dass Versicherungen in aller Regel meist recht unflexibel sind, wenn Sie die monatlichen Beiträge nach unten anpassen wollen oder vor Ende der Laufzeit Geld brauchen. Fazit: Abgeltungssteuer hin, Abgeltungssteuer her – als Geldanlageprodukte sind fondsgebundene Lebensversicherungen trotz einer möglichen Steuerersparnis nicht allzu empfehlenswert.

Teil IV
Steuerspar-Tipps für Ihr Depot
Chancen nutzen – Fallstricke
vermeiden

»Der eine wartet, dass die Zeit sich wandelt.
Der andere packt sie kräftig an und handelt.«
(Dante Alighieri)

Dieser Spruch des italienischen Dichters Dante Alighieri stammt aus dem Mittelalter – und ist heute so aktuell wie damals. Die Hoffnung, die politisch Verantwortlichen würden ihre Pläne noch einmal überdenken, hat sich zerschlagen. Das Gesetz ist beschlossen und nun liegt es an jedem einzelnen Sparer und Anleger, für sich das Beste daraus zu machen.

Dank der Übergangsfrist bis Ende 2008 gibt es in der Tat noch viel, was Sie unternehmen können, um nicht als Verlierer der Abgeltungssteuer dazustehen. In diesem letzten Teil des Buches finden Sie praktische Tipps für Ihr Depot, für Ihre Spareinlagen und für Ihre Altersvorsorge.

simplified
Mein Tipp

Richten Sie nicht Ihre gesamte Geldanlage ausschließlich nach dem Prinzip der Steuervermeidung beziehungsweise Steueroptimierung aus. Denn Sie wissen ja: Die Steuergesetzgebung ist mitunter kurzlebig. Was der Gesetzgeber in den nächsten 10 oder 20 Jahren beschließen wird, wissen wir alle nicht. Orientieren Sie sich daher stets an Ihren langfristigen Zielen (z. B. Vermögensaufbau, Absicherung im Alter, Absicherung von Existenzrisiken, Bildung von Liquiditätsreserven für Notfälle) statt allein an kurzfristigen gesetzlichen Gegebenheiten. Viele der folgenden Tipps sind aufgeteilt in zwei Kategorien:

• Tipps rund um Geldanlage und Depot und

• Tipps rund um Verwaltung und Steuererklärung.

Beide helfen Ihnen, Ihre Steuerlast zu minimieren. Das bedeutet aber nicht zwangsläufig, dass jeder Tipp für jeden Sparer und Anleger gleichermaßen geeignet ist. Doch dienen Ihnen meine Empfehlungen als Anhaltspunkt dafür, was Sie noch im Jahr 2008 tun können und worauf Sie ab 2009 achten müssen. Beherzigen sollten Sie vor allem diejenigen Ratschläge, die Ihrer persönlichen Anlage-, Vermögens- und Vorsorgestrategie am besten entsprechen.

Tipps rund um Geldanlage, Altersvorsorge und Depot

Wichtig für Sie als Anleger ist aktuell, dass Ihr Depot nicht nur Ihren wichtigsten Anlagezielen entspricht, sondern dass Sie es auch (steuer)optimal ausgestalten. Hier bestehen schon im Jahr 2008 Handlungsmöglichkeiten, zumindest da, wo Sie noch in den Genuss der günstigeren Altregelung kommen können. Hier bieten sich eine ganze Reihe von Steuerspar-Maßnahmen an.

Papiere mit Kurspotenzial noch 2008 kaufen

Vor allem Wertpapiere mit großem Kurspotenzial sollten Sie möglichst noch im Jahr 2008 in Ihr Depot legen (Ausnahme: Zertifikate), also beispielsweise Aktien und Fonds. Zwar werden auch bei diesen Wertpapieren ab 2009 alle laufenden Ausschüttungen, etwa Zinsen und Dividenden, mit der Abgeltungssteuer (plus Soli und ggf. Kirchensteuer) belegt. Aber die Kursgewinne bleiben nach einer Haltefrist von mehr als einem Jahr steuerfrei. Die Steuerfreiheit für Käufe bis einschließlich 2008 hat der Gesetzgeber auch in Fällen festgeschrieben, in denen Sie diese Papiere erst nach Jahren wieder verkaufen.

Wenn Sie jetzt überlegen, was Sie bei Ihrer langfristigen Geldanlage kaufen sollen, legen Sie den Schwerpunkt auf solide Investments, die Sie nicht schon bald wieder umschichten müssen. Ideal sind

- Blue Chips, also Aktien großer, wertstabiler Aktiengesellschaften, vorzugsweise solcher, deren Geschäft nicht allzu konjunkturabhängig ist (z. B. Pharmawerte),

- Indexfonds, also Fonds, die einen branchenübergreifenden Index nachbilden, zum Beispiel den DAX oder EuroStoxx,

- breit streuende Fonds (z. B. Dachfonds, Superfonds), also Fonds, die ihr Portfolio auch nach 2009 beliebig umschichten können, um damit die Trends der Zukunft abzudecken (mehr dazu im nächsten Abschnitt).

**simplified
Mein Tipp**

Zu den Papieren, die Sie noch 2008 kaufen sollten, gehören allerdings nicht die Zertifikate – trotz ihres möglicherweise hohen Kurspotenzials. Denn die Kursgewinne bleiben auch bei Altfällen in aller Regel nicht abgeltungssteuerfrei. Index-, Discount- oder Bonus-

Zertifikate sollten Sie also grundsätzlich nicht in Ihre »Vorher-kaufen-Strategie« einbeziehen.

Lediglich Zertifikate, die sich als kurzfristige Trading-Positionen eig-nen (Hebel-, bzw. Knock-out-Zertifikate), werden von der Einfüh-rung der Abgeltungssteuer profitieren, da dann die Spekulations-frist von einem Jahr nicht mehr von Belang sein wird und der Abgeltungssteuersatz meist niedriger als der persönliche Einkom-menssteuersatz liegt. Dies wird allerdings nur bei Papieren der Fall sein, die Sie erst ab 2009 kaufen. Bedenkenlos kaufen können Sie außerdem Garantiezertifikate, die ebenfalls ab 2009 günstiger besteuert werden als bisher.

Branchen-, Länder- und Themenfonds in Dach- oder Superfonds umschichten

Bislang war es Ihnen beliebig möglich, auf die Megatrends der Zukunft zu setzen und Ihr Geld umzuschichten, wenn ein Trend sein Wachstumspotenzial ausgeschöpft hatte. Ob Rohstoffe, ob Energie, ob Gesundheit oder Wasser, ob Emerging Markets oder Asien: Mit den passenden Themen-, Länder- oder regionalen Fonds konnten Sie stets an den Wachstumschancen solcher Megatrends teilhaben. Aber auch Einzelaktien und Zertifikate konnten sie passend dazu aussuchen – ganz wie es Ihnen be-liebte.

Zwar ist das auch künftig noch möglich. Die Sache hat nur einen Haken: Jedes Umschichten kostet Geld – nämlich die Abgel-tungssteuer (plus Soli und ggf. Kirchensteuer), die Sie auf die erzielten Kursgewinne entrichten müssen. Zwar bleiben auch hier die Gewinne bis einschließlich 2008 gekaufter Wertpapiere steuerfrei. Aber gerade bei Investments, die auf Megatrends set-zen, müssen Sie früher und häufiger wieder umschichten.

Um das steuerpflichtige Umschichten zu vermeiden, bieten sich Ihnen breit streuende Dachfonds, Superfonds und (für die Alters-vorsorge) Lebenszyklusfonds an.

Dachfonds

Dachfonds sind Fonds, die das von Anlegern eingesammelte Geld in Anteile anderer Fonds investieren. Diese Fondskonstruktionen sind in Deutschland seit 1999 erlaubt und Ihre Auflegung ist im Investmentgesetz geregelt. Die Investmentfonds, deren Anteile ein Dachfonds kauft, werden als »Zielfonds« oder auch »Subfonds« bezeichnet.

Absicht und Zweck eines Dachfonds ist es in der Regel, durch eine gezielte Anlage in verschiedenste Fonds mit unterschiedlichen Themen, Schwerpunkten, Regionen oder Ländern eine größtmögliche Risikostreuung zu erreichen. Zur Risikostreuung trägt auch die Tatsache bei, dass die Zielfonds oft von unterschiedlichen Fondsmanagern betreut werden. Dachfonds eignen sich daher vor allem für Anleger, denen in besonderem Maße an einer Risikostreuung gelegen ist. Auch bei Dachfonds können Sie wählen, bei welchen Investments Sie Ihren Anlageschwerpunkt setzen möchten. So gibt es beispielsweise

• Aktiendachfonds (investieren vorwiegend in Aktienfonds),

• Mischdachfonds (investieren in Aktien- und in Rentenfonds),

• Rentendachfonds (investieren fast nur in Rentenfonds),

• Immobiliendachfonds (investieren in offene Immobilienfonds).

Bei Dachfonds sind die Kosten wie folgt aufgeteilt, es gibt einen Ausgabeaufschlag, die übliche, jährliche Verwaltungsgebühr und eventuell eine prozentuale Beteiligung des Fondsmanagements am Anlageerfolg (»Performance«). Tatsache ist auch, dass Dachfonds einen Teil der Gebühren oft an die beteiligten Partner oder einzelnen Kapitalanlagegesellschaften entrichten, so dass diese nicht nur beim Fondsmanagement verbleiben. In der Regel kauft der Dachfondsmanager die Zielfonds ohne Ausgabeaufschlag und somit sehr kostengünstig für den Anleger (gleiches gilt auch für die Kategorie der Superfonds).

117

Der Vorteil von Dachfonds ist u. a. das problemlose Umschichten von Branchen-, Themen-, Regionen- und Länderfonds, auch im Jahr 2009 und den darauf folgenden Jahren. Da dies alles unter einem (Dach-)Fondsmantel geschieht, bleiben die zwischenzeitlich mit einem Subfonds erzielten Kursgewinne steuerfrei. Generell gilt: Dachfonds sind für einen mittel- bis langfristigen Anlagehorizont geeignet. Die Renditechance ist nicht so hoch wie bei Einzelfonds, aber dafür ist auch das Risiko geringer.

Lebenszyklusfonds

Auch Lebenszyklusfonds sind eine Möglichkeit, das Umschichten nach 2009 zu vermeiden und damit Abgeltungssteuer zu sparen. Solche Fonds eignen sich vor allem für Ihre Altersvorsorge. Denn sie passen sich in Bezug auf die Verteilung von Wachstumschancen und Verlustrisiken dem Lebensalter der Anteilseigner an.

Solange Sie als Anleger noch jung sind, wird das Fondsvermögen vorwiegend in (chancenreiche) Aktien investiert. Mit steigendem Alter wird mehr und mehr Vermögen in (sichere) festverzinsliche Geldanlagen umgeschichtet, damit nicht ein Börsencrash die ganzen bis dahin erzielten Gewinne wieder zunichte machen kann, kurz bevor Sie das Geld für Ihren Ruhestand brauchen. Da die Umschichtung unter einem Fondsmantel passiert und nicht Sie selbst als Anleger sie vornehmen, bleiben zwischenzeitlich erzielte Kursgewinne steuerfrei, solange Sie nicht Ihre Fondsanteile verkaufen.

simplified
Mein Tipp

Bei Lebenszyklusfonds bestimmen Sie zunächst das Zieljahr, also das Jahr, in dem Ihnen das angelegte Geld mitsamt Gewinnen zur Verfügung stehen soll. Dann entscheiden Sie, ob Sie lieber einen Fonds mit Kapitalsicherung haben möchten oder nicht (die Absicherung geht zulasten der Rendite). Meist wird dann einmal im Monat ein neuer Höchststand ermittelt, der Ihnen zum Ende der Laufzeit als

Mindestzahlung garantiert wird. Bedenken Sie aber, dass Ihnen die Fondsgesellschaft diese Sicherheit nur bietet, wenn Sie die Fondsanteile auch wirklich bis zum Zieljahr halten.

Superfonds

Mit Superfonds lässt sich die Abgeltungssteuer ebenfalls vermeiden – zumindest insoweit, als sie auf laufende Umschichtungen nicht anfällt. Superfonds haben im Vergleich zu standardisierten Dachfonds sogar noch einige Vorteile. Denn sie sind in zweierlei Hinsicht flexibler als Dachfonds:

- Zum einen dürfen sie das Geld der Anteilseigner nicht nur in andere Fonds (»Zielfonds«) investieren, sondern grundsätzlich in alle Asset-Klassen, also beispielsweise auch direkt in Aktien, in Rentenpapiere, in Immobilien, Zertifikate, Termingeschäfte oder in den Geldmarkt.

- Zum anderen müssen sich Superfonds nicht festlegen, welchen Anteil des Portfolios sie in welches Anlagesegment investieren. Sie haben keine festen Quoten für die verschiedenen Asset-Klassen. In schlechten Börsenzeiten können Superfonds also mehr Geld in festverzinsliche Wertpapiere, offene Immobilienfonds oder auf dem Geldmarkt anlegen, in besseren Börsenzeiten dagegen können sie vermehrt in Aktien und deren Derivate (also etwa Optionsscheine und Zertifikate) umschichten. Die Freiheit geht sogar so weit, dass ein Superfondsmanager in Krisen, etwa wegen Terrorismus, Kriegen, bei einer Rezession oder erheblichen Kurskorrektur an den Börsen die Aktienfondsquote komplett auf Null reduzieren kann und dafür bis zu 100 % in sicherheitsorientierte Portfoliobausteine investieren kann.

Auf diese Weise kann sich der Fondsmanager eines Superfonds stets bei größtmöglicher Flexibilität nach der aktuellen Marktlage, aber auch nach dem gesamten politischen und ökonomischen Umfeld richten. Er kann auf neue Trends setzen und zugleich das stets optimale Verhältnis zwischen Chance und Risiko ausloten.

Die Vorteile, die schon ein Dachfonds hat, nämlich schnelles und flexibles Agieren und steuerneutrales Umschichten, sind bei einem Superfonds natürlich genauso vorhanden.

Man kann somit auch davon sprechen, dass es möglich ist, trotz der veränderten steuerlichen Rahmenbedingungen, eine aktive Vermögensverwaltung in dieser Konstruktion eines Superfonds auszuüben. Ein gutes Beispiel hierfür sind die im Anhang beschriebenen Vermögensverwaltungsfonds.

simplified
Mein Tipp

Ermitteln Sie zunächst Ihr Anlageziel und Ihre persönliche Risikoneigung. Suchen Sie dann erst die passende Kategorie von Dach- oder Superfonds aus. Fonds mit hohem Aktien(fonds)anteil tragen oft die Wörter »dynamisch«, »Chance« oder »Wachstum« in ihrem Namen, Fonds mit hohem Renten(fonds)- oder Immobilien(fonds)anteil dagegen »konservativ«, »Sicherheit« oder »Ertrag«. Fonds, die etwa zu gleichen Anteilen in Aktien- und Renten(fonds) investieren, tragen oft den Titel »Balance«. Aber Vorsicht: Glauben Sie nicht allein an die Etikette, sondern fragen Sie nach, was wirklich dahinter steckt.

Vorsicht: Verwechseln Sie Superfonds nicht mit »Superfund«. Hinter letzterem steckt die Superfund Asset Management GmbH in Frankfurt, ein Anbieter von Managed-Future-Produkten (also von elektronischen Trendfolgesystemen), der seine Angebote hauptsächlich auf Kleinanleger zuschneidet und im weitesten Sinne zu der Gruppe der Hedgefonds zählt, mit klassischen Superfonds aber nichts gemein hat.

Altersvorsorge: Überlegen Sie, ob ein Riester- oder Rürup-Vertrag für Sie sinnvoll ist

Der Gesetzgeber will es so: Staatlich geförderte Altersvorsorgeprodukte sind auch ab 2009 von der Abgeltungssteuer ausgenommen. Dies trifft also auf alle Riester- und Rürup-Rentenverträge zu. Dabei spielt es keine Rolle,

- ob Sie wirklich ein Recht auf die staatliche Förderung haben oder nicht,

- ob Sie von der steuerlichen Absetzbarkeit der Beiträge profitieren oder nicht und

- ob Sie (bei Riester-Verträgen) die staatlichen Zulagen überhaupt in Anspruch nehmen.

Es genügt, wenn Ihr Rentenvertrag nach den staatlichen Kriterien als Riester- oder Rürup-Rente (»Basisrente«) zertifiziert ist. Ob Sie eine klassische oder fondsgebundene Rentenversicherung wählen, einen Bank- oder Fondssparplan, ist für die Freiheit von der Abgeltungssteuer unerheblich.

simplified
Mein Tipp

Ob allerdings der Abschluss einer Riester- oder Rürup-Rente für Sie wirklich sinnvoll ist, sollten Sie nicht allein nach steuerlichen Kriterien entscheiden. Denn die staatliche Zertifizierung ist an bestimmte Bedingungen gebunden, die sich nicht zwangsläufig zu Ihrem Vorteil auswirken:

1. Mindestens das eingezahlte Kapital und (bei Riester-Verträgen) ggf. gezahlte staatliche Zuschüsse müssen Ihnen am Ende der Laufzeit garantiert sein. Solche Garantien gehen aber immer zulasten Ihrer Rendite.

2. Riester- und Rürup-Verträge können Sie nicht beliebig übertragen oder vererben. Das bedeutet: Bei einem Todesfall steht das ganze angesparte Geld den Erben meist nicht zur Verfügung. Lediglich Ihr Ehegatte bzw. Ihre Ehegattin kann davon noch profitieren, nicht aber die Kinder oder sonstiger Erben.

3. Einmal eingezahlte Gelder stehen Ihnen während der gesamten Ansparphase nicht mehr zur Verfügung. Lediglich die Beleihung

zur Finanzierung eines Eigenheims bildet da eine Ausnahme. Ansonsten sehen Sie das Geld erst zu Rentenbeginn wieder (also frühestens mit 60 Jahren oder bei einer Erwerbsunfähigkeit).

4. Die Förderung ist nach derzeitigem Recht noch an den Wohnsitz Deutschland gebunden. Zwar kann sich das womöglich noch aufgrund von EU-Vorgaben ändern, da diese Regelung im Widerspruch auf das Recht auf freie Bestimmung des Wohnortes steht. Sollten Sie aber je ins Ausland gehen, müssen Sie derzeit noch damit rechnen, dass Sie die staatlichen Zulagen und Steuervorteile zurückzahlen müssen.

Lohnend sind Riester-Verträge im wesentlichen für Familien mit Kindern (hohe staatliche Zulagen für jedes Kind). Von Rürup-Verträgen profitieren vor allem Besserverdienende, die nur noch kurze Zeit bis zu ihrer Rente haben (Steuerersparnis durch Absetzbarkeit der Beiträge).

Bei Fonds im »Versicherungsmantel« besser Vorsicht walten lassen

Die Werbebotschaft vieler Versicherungsgesellschaften lautet derzeit:»Schichten Sie Ihre Fondsanteile in fondsgebundene Kapitallebensversicherungen um. Damit umgehen Sie die Abgeltungssteuer.« Ganz so einfach ist die Sache aber nicht. Den Neuabschluss fondsgebundener Versicherungen empfehle ich Ihnen nicht als Steuersparmodell. Das hat folgende Gründe:

• Ihre Beiträge werden nicht komplett in Fondsanteile investiert, sondern nur der Teil, der nach Abzug der (in der Regel beträchtlichen) Provisionen und Verwaltungsgebühren und der Aufwendungen für den Todesfallschutz übrig bleibt. Sprich: Auch bei guten Zielfonds ist die Rendite fondsgebundener Lebensversicherungen wegen sonstiger Kosten vergleichsweise gering.

• Dass Kapitallebensversicherungen abgeltungssteuerfrei bleiben, ist die Ausnahme und nicht die Regel. Denn Voraussetzung dafür ist eine Laufzeit von mindestens 12 Jahren und eine Auszahlung erst nach Vollendung des 60. Lebensjahrs. Statistiken belegen aber: Die Mehrheit der Kapital-Lebensversicherungen wird vorzeitig gekündigt oder verkauft, weil die Versicherten das Geld oft doch früher brauchen oder sich die regelmäßigen Beiträge nicht mehr leisten können oder wollen. Geschieht dies, bevor die Mindestlaufzeit von 12 Jahren vorbei ist, zahlen Sie auf Ihre Gewinne stets die Abgeltungssteuer.

simplified
Mein Tipp

Versicherungen sind wichtig, um Ihre persönlichen, existenziellen Risiken und die Ihrer engsten Angehörigen abzusichern. Als Geldanlageprodukt sind Versicherungen aber zu unflexibel und außerdem aufgrund der hohen Kosten nicht allzu rentabel. Lassen Sie sich daher mit dem Argument »Mit Fonds im Versicherungsmantel können Sie Abgeltungssteuer sparen« nicht zu einem Abschluss überreden. Für die Geldanlage gibt es bessere Möglichkeiten.

Für Zukäufe und Fondssparpläne ab 2009 ein neues Depot einrichten

Bei Fondssparplänen wird es künftig gar nicht so einfach sein, steuerfreie Fondsanteile, die Sie noch vor Ablauf des Jahres 2008 gekauft haben, von abgeltungssteuerpflichtigen Fondsanteilen, die Sie erst ab dem 1. Januar 2009 gekauft haben, zu trennen. Es ist durchaus sinnvoll, dafür ein zweites Depot einzurichten, damit es bei Verkauf der Fondsanteile später nicht zu Verwechslungen kommt. Das gleiche gilt für Aktien, von denen Sie einige noch vor dem Jahreswechsel 2008/2009 gekauft haben und weitere ab 2009 hinzukaufen.

Die Trennung in zwei Depots ist aber nicht nur eine reine Vorsichtsmaßnahme, die sich empfiehlt, weil sonst die Bank womöglich durcheinander kommt. Sie hat auch einen handfesten Grund: die »Fifo-Falle«. Angenommen, Sie veräußern zwischenzeitlich einen Teil Ihrer nach und nach angekauften Fondsanteile. Dann gilt auch nach 2009 das »Fifo-Prinzip«. »Fifo« bedeutet: »First in, first out«, wörtlich übersetzt also: »Zuerst rein, zuerst raus«. Das heißt, es gelten also diejenigen Fondsanteile als zuerst verkauft, die Sie zuerst in Ihr Depot gelegt haben.

Nach altem Steuerrecht wirkte sich das »Fifo-Prinzip« immer zugunsten des Anlegers aus. Denn auf diese Weise wurde häufig ein Verkauf innerhalb der Spekulationsfrist vermieden. Speziell im Hinblick auf die Übergangsregelung zur Abgeltungssteuer kann sich das »Fifo-Prinzip aber auch negativ auswirken: Denn dadurch gelten just diejenigen Anteile oder Aktien bereits als verkauft, die Sie noch im Jahr 2008 oder früher gekauft haben und deren Kursgewinne demnach eigentlich abgeltungssteuerfrei wären. Auf diese Weise geht Ihnen die Steuerfreiheit der restlichen Fondsanteile oder Aktien aber verloren, die Sie erst ab dem Jahr 2009 gekauft haben.

---

simplified
Mein Tipp

Gerade bei Fondssparplänen empfiehlt sich die Einrichtung eines zweiten Depots für alle Anteile, die Sie erst 2009 oder später kaufen. Wollen Sie dann je Fondsanteile wieder verkaufen, dann nehmen Sie zuerst diejenigen aus diesem zweiten Depot. Dann bleibt Ihnen die Steuerfreiheit der Fondsanteile im ersten Depot erhalten und Sie sind der »Fifo-Falle« entgangen. Die Einrichtung eines zweiten Depots empfiehlt sich für Sie auch immer dann, wenn Sie ab 2009 Aktien nachkaufen, von denen Sie schon vor dem Jahreswechsel 2008/2009 einige gekauft haben. Nur die Trennung gewährleistet, dass die Kursgewinne vor 2009 gekaufter Aktien auch später weiterhin abgeltungssteuerfrei bleiben.

Mit Kurzfrist-Trading bis 2009 warten

Für Anleger, die gern Kurzfrist-Anlagen tätigen, bedeutet die Einführung der Abgeltungssteuer einen Vorteil. Denn die Spekulationsfrist entfällt, allerdings erst für Wertpapiere, die Sie ab dem Jahr 2009 kaufen. Für Optionsscheine, Hebel-Zertifikate oder Aktien, die Sie dagegen schon 2008 in Ihr Depot legen, gilt die bisherige Spekulationsfrist von einem Jahr weiterhin fort. Sie müssen sie also mindestens so lange halten, damit die Gewinne steuerfrei bleiben. Aus steuerlicher Sicht am besten ist es für Sie, mit dem Kurzfrist-Trading erst 2009 zu beginnen – es sei denn, Ihr persönlicher Steuersatz liegt unter oder in etwa auf dem Niveau der Abgeltungssteuer (25 %).

---

simplified
Mein Tipp

Immerhin profitieren Sie bei Papieren, die Sie noch 2008 kaufen und binnen Jahresfrist im Jahr 2009 wieder verkaufen, von der geringfügig erhöhten Freigrenze. Sie steigt von 512 Euro auf 600 Euro an. Das heißt: Spekulationsgewinne, die Sie im Jahr 2009 realisieren, bleiben bis zu einer Gesamtsumme von 599 Euro steuerfrei. Liegen allerdings sämtliche Spekulationsgewinne eines Jahres (auch die von Gold- und Immobilienverkäufen) bei 600 Euro oder darüber, müssen Sie die gesamten Gewinne mit Ihrem persönlichen Einkommensteuersatz versteuern.

Zertifikate rechtzeitig umschichten oder verkaufen

Zertifikate, die Sie spätestens am 14. März 2007 gekauft haben, können Sie bedenkenlos in Ihrem Depot liegen lassen. Sie bleiben – auch bei jahrelanger Haltedauer – von der Abgeltungssteuer befreit.

Etwas anderes gilt aber für Zertifikate, die Sie erst ab dem 15. März 2007 gekauft haben. Bei solchen Papieren sollten Sie darauf achten, sie spätestens am 30. Juni 2009 wieder zu verkaufen. Nur so können Sie vermeiden, dass auf die Kursgewinne und gegebenenfalls gezahlte Boni Abgeltungssteuer erhoben wird. Eine Ausnahme sind Garantie-Zertifikate: Als sogenannte Finanzinnovationen profitieren sie von der Einführung der Abgeltungssteuer. Hier brauchen Sie also nicht auf einen rechtzeitigen Verkauf zu achten. Im Gegenteil: Es ist besser, wenn Sie diese Papiere erst nach dem 30. Juni 2009 veräußern.

---

simplified
Mein Tipp

Ein Verkauf am 30. Juni 2009 genügt, damit die Kursgewinne Ihrer Zertifikate steuerfrei bleiben. Aber denken Sie auch an die Folgeinvestments: Nur, was Sie noch bis zum Ende des Jahres 2008 in andere Wertpapiere (nicht in Zertifikate) umschichten, bleibt auch später abgeltungssteuerfrei. Mit anderen Worten: Wollen Sie über den Verkaufserlös in bar verfügen, reicht ein Verkauf zum 30. Juni 2009. Wollen Sie das Geld aber wieder investieren und dabei sicherstellen, dass auch die Kursgewinne dieser Folge-Investments abgeltungssteuerfrei bleiben, dann verkaufen Sie die Zertifikate besser noch im Jahr 2008 und kaufen vom Erlös Aktien oder Fonds.

Index-Zertifikate in Indexfonds umschichten

Um an der Kursentwicklung eines Indexes teilzuhaben, haben Sie zwei Möglichkeiten: Sie können ein Indexzertifikat kaufen oder Anteile eines Indexfonds. Steuerlich machte das bislang keinen Unterschied – in beiden Fällen blieben die Kursgewinne steuerfrei. Künftig aber sind Zertifikate schlechter gestellt, sofern Sie sie nicht schon vor dem 15. März 2007 gekauft haben oder sie nicht spätestens am 30. Juni 2009 wieder verkaufen. Denn sie fallen unter die Abgeltungssteuer. Deshalb ist, gerade bei Open-End-Index-Zertifikaten (also Index-Zertifikaten mit unbegrenzter Laufzeit), ein Umschichten noch im Jahr 2008 sehr empfehlenswert.

Die Umschichtung lässt sich leicht verschmerzen, wenn Sie sich vor Augen halten, dass Sie mit Indexfonds nicht nur Steuern sparen, sondern auch mehr Gewinne erzielen. Das gilt für all diejenigen Index-Investments, die einen sogenannten Kursindex nachbilden. Bei solchen Kursindizes (z. B. der Schweizer SMI, der österreichische ATX, der EuroStoxx 50) werden die Dividenden der Indexmitglieder nicht in den Indexstand eingerechnet.

Das bedeutet: Bei Kursindizes sind ETFs sogar einträglicher als Index-Zertifikate: Denn Sie erzielen damit nicht nur Kursgewinne, sondern erhalten auch Dividenden. Diese sind bei Index-Zertifikaten nicht inbegriffen. Bei einem Performance-Index wie dem DAX, bei dem die Dividenden in den Indexstand einfließen, spielt es dagegen im Hinblick auf die Gewinne keine Rolle, ob Indexzertifikat oder Indexfonds. Aber auch hier ist die kommende Abgeltungssteuer ein wichtiges Argument, noch 2008 umzuschichten.

simplified
Mein Tipp

Die günstigsten Indexfonds am Markt sind so genannte ETFs (Exchange Traded Funds). Dabei handelt es sich um passiv gemanagte Fonds, die ausschließlich an der Börse gehandelt werden. Die jährliche Verwaltungsgebühr dieser Fonds liegt meist unter 0,3 %, ein Ausgabenaufschlag fällt nicht an und der Spread ist mit 0,1 bis 0,4 % ebenfalls vergleichsweise gering. Sie können Anteile dieser Fonds börsentäglich kaufen und verkaufen, als wären es Aktien.

Stückzinsen und Zwischengewinne noch 2008 geltend machen

Es kann sich für Sie lohnen, noch im Jahr 2008 Anleihen zu kaufen, deren letzte Zinszahlung schon einige Zeit zurückliegt. Denn dann zahlen Sie hohe Stückzinsen an den Vorbesitzer. Gleiches gilt im Prinzip für Rentenfonds oder für Mischfonds mit hohem Rentenanteil. Im Anteilspreis enthalten sind die aufgelaufenen Zinsen (»Zwischengewinne«), die Sie wie Stückzinsen steuerlich als Verlust geltend machen können.

Das ist für alle Anleger vorteilhaft, deren Zinseinkünfte im Jahr 2008 den Sparerfreibetrag überschreiten. Denn die Stückzinsen von noch 2008 gekauften Anleihen und die Zwischengewinne von noch 2008 gekauften Fonds dürfen Sie mit den positiven Zinseinkünften verrechnen. Sie sorgen dafür, dass Sie 2008 weniger Steuern zahlen.

simplified
Mein Tipp

Der Steuerspareffekt lässt sich aber nur einmal erzielen: Stückzinsen und Zwischengewinne verringern Ihre Zinseinkünfte im Jahr 2008, also dann, wenn Sie diese noch mit Ihrem persönlichen Steuersatz versteuern müssen. Die Zinsausschüttungen, die Ihnen aber aus den eben gekauften Anleihen und Fonds zufließen, bekommen Sie erst ab 2009, und dann zahlen Sie darauf nur noch den (in der Regel geringeren) Abgeltungssteuersatz.

Steuerstundung ausnutzen

Einige wenige Wertpapiere bringen Ihnen zwar nicht zwangsläufig eine Steuerersparnis, aber zumindest eine Steuerstundung. Gemeint sind Zinspapiere, bei denen Sie erst bei Fälligkeit die Zinsen gesammelt erhalten. Konkret können Sie so mit Zero Bonds (Nullkupon-Anleihen) und Bundesschatzbriefen Typ B Ihre Steuerzahlungen in die Zukunft verschieben:

• Zero Bonds kaufen Sie mit einem kräftigen Abschlag auf den Nominalwert. Erst am Ende der Laufzeit, die oft 10 bis 30 Jahre beträgt, bekommen Sie den vollen Nominalwert ausgezahlt.

Dann erst wird auch die Abgeltungssteuer auf Ihre Gewinne fällig.

- Bundesschatzbriefe Typ B haben eine Laufzeit von 7 Jahren. Sämtliche Zinsen werden erst am Ende der Laufzeit zusammen mit Ihrem investierten Geld zurückgezahlt. Auch hier wird die Abgeltungssteuer erst bei Rückzahlung fällig.

Anders als bei thesaurierenden Fonds gilt bei diesen Papieren nach derzeitigem Rechtsstand keine Zuflussfiktion. Sie zahlen erst dann Steuern, wenn Ihnen die Gewinne auch zugeflossen sind und nicht schon vorab während der Laufzeit.

simplified
Mein Tipp

Solche Papiere lohnen sich aber nur für Sie, sofern Sie den Sparer-pauschbetrag schon ausgeschöpft haben. Ist das nicht der Fall, bewirkt die Einmal-Auszahlung der Zinsen oft eine Überschreitung. Dann werden Gewinne plötzlich steuerpflichtig, die steuerfrei blieben, wenn Sie sie verteilt über die gesamte Laufzeit ausgezahlt bekämen. Das Modell der Steuerstundung lohnt sich also nur für Anleger mit ansonsten hohen Kapitalerträgen.

In Edelmetalle, Immobilien und offene Immobilienfonds investieren

In Edelmetalle, Immobilien und offene Immobilienfonds zu investieren, lohnt sich für Sie nicht nur zur Depotabsicherung. Gewinne aus solchen Investments bleiben auch ab 2009 stets abgeltungssteuerfrei. Auf den Kaufzeitpunkt kommt es dabei nicht an. Auch beispielsweise Goldmünzen oder -barren oder Immobilien, die Sie erst ab 2009 kaufen, fallen bei Verkauf nicht unter die Abgeltungssteuer. Beachten müssen Sie allerdings, dass hier die alten Spekulationsfristen weiterhin gelten. Das bedeutet: Steuerfrei bleiben nur

- Edelmetalle, die Sie nicht schon binnen Jahresfrist wieder verkaufen, und

- Immobilien, die sich mindestens 10 Jahre lang in Ihrem Eigentum befunden haben (Ausnahme: selbst genutzte Immobilien),

- bei Immobilienfonds inländische Immobilien, die sich mindestens 10 Jahre im Fondsvermögen befunden haben.

Bei Immobilienfonds sollten Sie solche bevorzugen, die ihr Immobilienvermögen vorwiegend im Ausland haben. Denn ausländische Mieteinkünfte und Veräußerungsgewinne ausländischer Immobilien im Fondsvermögen bleiben steuerfrei. Das gilt für diejenigen Staaten, mit denen Deutschland ein Doppelbesteuerungsabkommen hat. Es spielt für die Steuerfreiheit keine Rolle, ob der Immobilienfonds selbst in Deutschland oder im Ausland aufgelegt wurde.

Vermeiden Sie Wertpapierverkäufe ab 2009 nicht um jeden Preis

Manch einer mag versucht sein, ab dem Jahr 2009 mit aller Gewalt einen Verkauf seiner bis 2008 gekauften Wertpapiere zu vermeiden, weil dies die Steuerpflicht auslöst. Das empfiehlt sich aber nicht immer. Denn auch nach Einführung der Abgeltungssteuer sollten Sie sich gegen Verluste absichern. Mit Stopp-Loss-Marken können Sie größere Einbußen verhindern. Indem Sie diese nachziehen, stellen Sie sicher, dass sie die Gewinne der vergangenen Jahre nicht bei einem Kurseinbruch sofort wieder verlieren.

---

simplified
Mein Tipp

Lassen Sie nicht jede Vorsicht fahren, nur um auf alle Fälle die Abgeltungssteuer zu umgehen. Einen Verkauf Ihrer Wertpapiere ab 2009 sollten Sie stets in Erwägung ziehen, wenn schlechte Nachrichten über das getätigte Investment eine grundlegende Neubewertung nötig machen oder wenn eine negative Börsenentwicklung einen Ausstieg ratsam erscheinen lässt. Falls Ihnen die Frage, ob Halten oder Verkaufen besser ist, zu mühsam erscheint, dann investieren Sie besser in einen Dach- oder Superfonds. Dann nimmt Ihnen der Fondsmanager diese Entscheidung ab, ohne dass sich dies steuerlich negativ auswirkt.

Tipps rund um Verwaltung und Steuererklärung

Die Abgeltungssteuer birgt eine Gefahr: Sie wird einfach abgeführt, ohne dass Sie als Anleger oder Sparer das so richtig mitbekommen. Sollte die Bank oder Auszahlungsstelle je zuviel an Steuern abführen, dann wird Sie niemand darauf aufmerksam machen. Da Sie künftig zudem in vielen Fällen noch nicht einmal die Pflicht haben, Ihre Kapitaleinkünfte in der Steuererklärung selbst zu deklarieren, merken Sie womöglich auch nicht, wenn Sie eigentlich Steuern erstattet bekämen. Hier hilft nur eines: Seien Sie wachsam und gehen Sie nicht davon aus, dass mit der Abgeltungssteuer alles für Sie erledigt ist. Einige Tipps rund um Verwaltung und Steuererklärung helfen ebenfalls Steuern sparen.

Passen Sie Ihre Freistellungsaufträge jährlich an

Derzeit gibt es noch den Sparerfreibetrag und die Werbungskostenpauschale, künftig wird es der Sparerpauschbetrag sein. 801 Euro (bei Ehepaaren: 1.602 Euro) an Kapitaleinkünften können Sie auch ab 2009 steuerfrei einnehmen. Ein Freistellungsauftrag ist daher auch nach 2008 sinnvoll, damit Ihre Bank von diesem Betrag erst gar keine Abgeltungssteuer (plus Soli und ggf. Kirchensteuer) einbehält.

2009 ist es wichtiger denn je, bei denjenigen Banken Ihre Kapitalerträge freizustellen, bei denen Sie Ihre Konten und Depots haben. Machen Sie nicht den Fehler, alles beim alten zu belassen, sondern erneuern Sie Ihre Freistellungsaufträge jährlich und überprüfen Sie sorgfältig den jeweiligen Betrag, den Sie bei jeder einzelnen Bank haben freistellen lassen. Denn Sie wissen ja: Ab 2009 wird nicht nur auf Zinseinkünfte die Abgeltungssteuer einbehalten, sondern auch auf Dividenden. In späteren Jahren kommen dann auch die Kursgewinne all derjenigen Wertpapiere hinzu, die Sie ab 2009 kaufen nach und nach wieder verkaufen.

simplified
Mein Tipp:

Es genügt ein Freistellungsauftrag pro Bank beziehungsweise pro Auszahlungs- oder Depotstelle. Sie können beliebig viele Freistellungsaufträge einreichen, müssen aber darauf achten, dass die jeweils steuerfrei gestellten Beträge in Summe den Sparerpauschbetrag von 801 Euro (bei Ehepaaren: 1.602 Euro) nicht überschreiten. Bei Dividenden und Wertpapierverkäufen wissen Sie oft im Vorfeld nicht, wie hoch die Erträge sein werden, nur bei Zinsen können Sie die Auszahlungen zumeist ungefähr abschätzen. Daher empfehle ich Ihnen folgendes Vorgehen:

• Passen Sie Ihre Freistellungsaufträge stets im Laufe eines Jahres an die neuen Gegebenheiten an, idealerweise dann, wenn Sie bereits einen Überblick über sämtliche Kapitaleinkünfte haben, die Ihnen in diesem Jahr voraussichtlich zufließen werden.

• Ermitteln Sie zunächst Ihre Zinseinkünfte, dann die Dividenden und zum Schluss die Kursgewinne. Diese Beträge ordnen Sie dann der jeweiligen Bank, Auszahlungs- oder Depotstelle zu und tragen sie in die einzelnen Freistellungsaufträge ein – das geht natürlich nur bis maximal zur Höhe des Sparerpauschbetrags.

Wenn Sie Ihren Freistellungsauftrag vergessen oder den Sparerpauschbetrag nicht optimal auf die verschiedenen Banken aufteilen, zahlen Sie nicht zwangsläufig mehr Steuern. Sie dürfen dann aber nicht vergessen, Ihre Kapitaleinkünfte in der Steuererklärung zu deklarieren, um sich die zuviel gezahlten Steuern zurückzuholen.

Verluste und Gewinne bei verschiedenen Banken in der Steuererklärung geltend machen

Seien Sie achtsam, wenn Sie ab 2009 bei einer Bank Gewinne erzielen, bei der anderen aber Verluste. Denn auf Ihre Gewinne wird Abgeltungssteuer abgeführt, sofern Ihr Freistellungsauftrag dies nicht verhindert. Wollen Sie, dass Ihre Verluste bei der anderen Bank im gleichen Jahr berücksichtigt werden, dann lassen Sie sich diese bescheinigen. Die Bescheinigung müssen Sie bis zum 15. Dezember des jeweiligen Jahres bei der Bank anfordern. Dann deklarieren Sie beides – Gewinne und Verluste – in Ihrer Steuererklärung und optieren (in der Regel) für eine Veranlagung zum pauschalen Abgeltungssteuersatz.

Steuererklärung abgeben, wenn der Sparerfreibetrag nicht optimal ausgeschöpft wurde

Sie haben Depots und/oder Konten bei verschiedenen Banken und Ihre Freistellungsaufträge haben den Sparerfreibetrag nicht optimal ausgeschöpft. Sprich: Eine Bank hat schon Abgeltungssteuer auf einen Teil Ihrer Kapitaleinkünfte abgeführt, dabei ist Ihr Sparerpauschbetrag noch gar nicht vollends ausgeschöpft. Auf solche Details sollten Sie achten. Dann holen Sie sich nach Ablauf eines Jahres die zuviel gezahlten Steuern zurück, indem Sie Ihre Kapitaleinkünfte in der Steuererklärung deklarieren. Das mag zwar mühsam sein, lohnt sich aber, wenn eine Rückzahlung winkt.

Steuern zurückholen, wenn Ihr persönlicher Einkommenssteuersatz niedriger liegt

Achten Sie auch auf Ihren persönlichen Einkommensteuersatz. Liegt Ihr Grenzsteuersatz niedriger als der Abgeltungssteuersatz (25 %), müssen Sie selbst tätig werden, um sich die zuviel gezahlte Steuer vom Finanzamt zurückzuholen. Das ist natürlich nur erforderlich, sofern Ihre Einkünfte über dem Sparerpauschbetrag liegen. Bei einem Jahreseinkommen von etwa 15.000 Euro (Ehepaare: 30.000 Euro) liegt Ihr persönlicher Grenzsteuersatz etwa

auf derselben Höhe wie die Abgeltungssteuer. Ist Ihr Jahreseinkommen niedriger und überschreiten Ihre Kapitaleinkünfte den
Sparerpauschbetrag, dann geben Sie diese in der Steuererklärung an und beantragen Sie eine Veranlagung zum individuellen
Steuersatz.

simplified
Mein Tipp

Mit der Veranlagungsoption zum individuellen Steuersatz können
Sie nichts falsch machen. Denn sollte Ihr persönlicher Einkommenssteuersatz über dem der Abgeltungssteuer liegen, zahlen Sie nur
die Abgeltungssteuer. Das Finanzamt muss in solchen Fällen eine
Günstigerprüfung durchführen und dann den Steuersatz ansetzen,
der niedriger ist (Abgeltungssteuersatz oder individueller Einkommenssteuersatz).

Alte Spekulationsverluste nicht unter den Tisch fallen lassen

Vergessen Sie Ihre Spekulationsverluste aus den vergangenen
Jahren nicht. Das betrifft alle Verluste, die Sie durch Wertpapier-
oder Immobilienverkäufe innerhalb der Spekulationsfrist gemacht haben. Diese Verluste bleiben Ihnen erhalten – vorausgesetzt, Sie lassen sie nicht selbst unter den Tisch fallen. Machen
Sie solche Verluste in Ihrer Steuererklärung 2008 geltend.

Was Sie nicht sofort verrechnen konnten, hält das Finanzamt für
Sie in einem »Verlustfeststellungsbescheid« fest. Diesen Bescheid
brauchen Sie, um ihre Verluste auch künftig geltend zu machen.
Immerhin bis 2013 können Sie solche Altverluste mit neuen Einkünften verrechnen. Danach funktioniert eine Verrechnung nur
noch mit neuen Spekulationsgewinnen. Diese lassen sich dann
aber nur noch mit Immobilien, Edelmetallen, Antiquitäten oder
Kunst erzielen und nicht mehr mit dem Verkauf von Wertpapieren.

Einen Depotübertrag der Bank als Schenkung melden

Zuletzt noch ein Tipp für alle, die ihr Depot an ihre Kinder und Enkel weitergeben möchten. Mit einer Schenkung geht die Steuerfreiheit für bis einschließlich 2008 gekaufte Wertpapiere nämlich nicht zwangsläufig verloren. Denn die Übertragung gilt nicht als Neuerwerb der Wertpapiere. Damit die Bank dies allerdings nicht automatisch zu Ungunsten Ihrer Kinder oder Enkel annimmt, müssen Sie ihr mitteilen, dass es sich um eine Schenkung handelt. Dann gelten die alten Anschaffungszeitpunkte weiterhin mit der positiven Folge, dass die Kursgewinne aller vor 2009 angeschafften Wertpapiere (Ausnahme: Zertifikate) von der Abgeltungssteuer befreit bleiben.

Schlussbemerkung

Eine Anmerkung noch zum Gesetzgebungsverfahren: Mitte März 2007 lag der Kabinettsbeschluss zur Abgeltungssteuer vor. Bis zur Verabschiedung des »Unternehmenssteuerreformgesetzes 2008« im Bundesrat im Sommer 2007 wurde das Gesetz noch in einigen Punkten (z. B. der Besteuerung von Zertifikaten) deutlich verschärft, denn die Banken hatten begonnen, offensiv mit Steuervermeidungs-Zertifikaten zu werben. Im August 2007 unterzeichnete der Bundespräsident das fertige Gesetz. Dennoch kam es im Nachhinein erneut zu einer Verschärfung, als die Politik auf das mögliche Steuerschlupfloch »Luxemburger Spezialfonds« aufmerksam wurde.

Daher mein Rat: Verfolgen Sie das Geschehen weiterhin und nehmen Sie den jetzigen Gesetzeswortlaut nicht als unveränderlich hin. Es kann sein, dass der Gesetzgeber nachträglich weitere Änderungen einführt, die sich zu Ungunsten der Anleger auswirken. Daher ist es für Sie ratsam und notwendig, bis zum Schluss aufmerksam zu bleiben und gegebenenfalls noch rechtzeitig im Jahr 2008 zu reagieren.

So sehr die Abgeltungssteuer so manchen Anleger (und vielleicht auch Sie) auch ärgern mag, gilt dennoch: Wie gravierend sich die

Einführung auf Ihre Geldanlage auswirkt, haben Sie zu einem großen Teil selbst in der Hand. Es lohnt sich, rechtzeitig zu handeln und Ihr Depot schon 2008 so zusammenzustellen, dass Sie möglichst lange ohne abgeltungssteuerpflichtige Verkäufe und Umschichtungen auskommen.

Es lohnt sich aber auch, ab dem Jahr 2009 nicht einfach die Hände in den Schoß zu legen und die Bank sämtliche steuerliche Angelegenheiten im Zusammenhang mit Ihren Geldanlagen für sich erledigen zu lassen. Prüfen Sie nach, wo zuviel Steuern von Ihren Konten und Depots abgeführt worden sind. Machen Sie sich gegebenenfalls die Mühe, Ihre Kapitaleinnahmen doch noch selbst in Ihrer Steuererklärung zu deklarieren. Denn die Erstattungen, die Sie dadurch erzielen können, machen oft die Mühe wieder wett.

Nähere Informationen erhalten Sie ebenfalls auf unserer deutschlandweiten Roadshow zum Thema Abgeltungssteuer oder unter www.abgeltungssteuerseminare.de

Stichwortverzeichnis

V.M.Z.

Das Unternehmen V.M.Z – wir stellen uns vor

Im Folgenden erlauben wir uns, Ihnen die Kernkompetenzen unseres Hauses und die damit verbundenen Dienstleistungen vorzustellen. Die V.M.Z. Vermögensverwaltung ist seit nunmehr vierzehn Jahren auf das Segment der aktiven, fondsgebundenen Vermögensverwaltung spezialisiert und bietet diese Kernkompetenz unabhängig, hochprofessionell und langfristig orientiert an. Ihr Gründer und Geschäftsführer Markus C. Zschaber gilt als einer der erfahrensten und renommiertesten Vermögensverwalter in Deutschland: Vielfach von den Medien für seine Tätigkeiten als Fonds- und Portfoliomanager ausgezeichnet ist er den meisten Anlegern als n-tv Börsenexperte bekannt. Darüber hinaus zeugen zahlreiche institutionelle, öffentliche und karitative Mandate von der herausragenden Leistungen der V.M.Z. im Bereich des Portfoliomanagements. So zählen neben vielen Privatanlegern auch Kommunen, Städte, Stiftungen, Verbände und Vereine sowie Banken zu den Kunden der V.M.Z Vermögensverwaltung.

Das Kernstück unseres Unternehmens ist die fondsgebundene Vermögensverwaltung mittels einzigartiger Konzepte, beispielsweise der ZschaberStrategieDefensiv | Balance | Dynamic®. Die Vorhersagbarkeit der Börsenphasen wird immer schwieriger und den Anlegern steht heute eine Vielzahl von Möglichkeiten für die Geldanlage an den Kapitalmärkten zur Verfügung. Dazu gibt es große Qualitätsunterschiede bei den immer zahlreicher werdenden Investmentfonds: Es ist nicht nur komplizierter geworden, den zum jeweiligen Anlagebedarf und Anlageziel passenden Fonds zu finden – die strategische wie auch taktische Ausrichtung muss regelmäßig überprüft und bei Bedarf verändert werden, um finanziell erfolgreich zu sein.

Aufgrund der Veränderungen in der Finanzwelt reicht es nicht mehr aus, ein starres Fondskonzept für viele Jahre zu kaufen. Eine vermögensverwaltende Fondskonstruktion, die sowohl in guten als auch in schwierigen Börsenzeiten flexibel reagiert, ist das ideale Konzept für die finanziell gesicherte Zukunft. Mit der ZschaberStrategieDefensiv | Balance | Dynamic® wird für jeden Anlagebedarf die geeignete Anlageform angeboten – gestützt auf langjähriges Know-how und bewährte Managementqualitäten.

Unser Unternehmensleitsatz lautet: »Aktives Management mit Investmentfonds bedeutet Vermögen schaffen und erhalten.« Dafür arbeiten wir in unserem Hause mit einem ganzen Stab von hochprofessionellen Spezialisten, um auch weiterhin für Sie langfristig die besten Ergebnisse zu erzielen.

Wie können Sie an unseren Dienstleistungen und der Fachkompetenz Markus C. Zschabers partizipieren?

Unsere Premiumprodukte, die ZschaberStrategieDefensiv | Balance | Dynamic® – Ihre private Vermögensverwaltung mit Investmentfonds, und die »ZschaberGewinnStrategien® für institutionelle Anleger« sind einzigartig in Deutschland und werden von Markus C. Zschaber persönlich und seinem Spezialistenteam beraten und gemanagt.

Es gibt hierzulande keine andere Vermögensverwaltung mit Investmentfonds, die in den letzten Jahren in den Bewertungen der renommiertesten Finanzmedien und der Wirtschaftspresse derart kontinuierlich positiv bewertet und empfohlen wurde. Mit der ZschaberStrategieDefensiv | Balance | Dynamic® geben wir Ihrem Kapital die besondere Chance, eine aktive fondsgebundene Vermögensverwaltung mit überdurchschnittlichem Wachstum zu nutzen – gleich welche Vermögensziele Ihrer Kapitalanlage zu Grunde liegen. Somit können Sie an unseren Dienstleistungen und Markus C. Zschabers Fachkompetenz optimal partizipieren.

Sie entscheiden, in welche der aktiv betreuten ZschaberStrategien® Sie investieren möchten. Generell unterscheiden sich diese Strategien in den Risikogruppen: Vom konservativen bis hin zum risikoreicheren Anleger. Sprechen Sie einfach mit einer V.M.Z. Beraterin, einem V.M.Z. Berater oder – je nach Anlagevolumen – direkt mit Markus C. Zschaber. Auch die Option einer eigenen, individuell definierten Strategie ist für institutionelle Anleger oder größere Familienvermögen möglich, ebenso die Spezialfondsauflegung.

Unsere Beraterinnen und Berater erläutern Ihnen kompetent die umfangreiche Produktpalette:

• Fondsgebundene Vermögensverwaltungsstrategien

• Individuelle Vermögensverwaltungsstrategien

• Rentenentnahme- und Auszahlungspläne

• Spezialprodukte

Bei allen Vorgehensweisen werden die Investitionsdaten in unserem Haus parallel zur Depotbank geführt, sodass wir unsere Kunden jederzeit hinsichtlich ihrer Kapitalanlage beraten, alle Servicemöglichkeiten anbieten können und Ihr Vermögen innerhalb der fondsgebundenen Vermögensverwaltung beispielsweise mittels der ZschaberStrategieDefensiv | Balance | Dynamic® aktiv betreuen. Unser Beraterteam steht den Kunden in der dann folgenden Betreuungsphase jeden Tag zur Verfügung. Gleichzeitig erstellen wir für unsere Kunden – neben den Originalauszügen der jeweiligen Depotbank – übersichtliche Depot-Gesamtauszüge, sodass Sie alle Fonds- und Vermögensdaten anhand von Grafiken oder einer Übersicht erhalten. Auf Wunsch erhalten Sie zusätzlich Monatsanalysen sowie Managementberichte und vieles mehr. Wichtig: Sie überweisen Ihr Kapital direkt auf Ihr eigenes, neu eröffnetes Konto bei unserer Depotbank.

Doch zunächst steht für jeden Anleger die Definition der geeigneten Anlagestrategie im Vordergrund, um diese dann in den entsprechenden Investitionsmöglichkeiten umzusetzen. Denn ob Aktienfonds, Offene Immobilienfonds, Rentenfonds, Geldmarktfonds, Garantiefonds, Währungsfonds, ABS-Fonds, defensive Mischfonds oder ein Alternativinvestment etc. gewählt werden, hängt von den individuellen Zielen des Anlegers ab.

Eine Anlagestrategie muss sorgfältig ausgesucht werden, um dem Anleger in jeder Phase seines Lebens gerecht zu werden – sprechen Sie daher mit uns. Zu groß sind die individuellen Unterschiede bei den Anlegern und deren spezifischen Bedürfnissen, gerade im Bereich des Vermögensaufbaus oder der Altersvorsorge.

143

Der wesentliche Aspekt einer Anlage- / Altersvorsorgestrategie ist die kontinuierliche Wertsteigerung unter der Wahrung von Risikokomponenten und der Einbindung weiterer persönlicher Einflussfaktoren.

Risiken

Viele Banken und Vermögensverwalter sind in der Vergangenheit zu hohe Risiken eingegangen, da sie die speziellen Bedürfnisse nicht erkannten und zwischen »Kapitalerhalt« und »Kapitalvermehrung« keinen Unterschied gemacht haben. Anleger, die bereits Vermögen aufgebaut haben, sind primär am Erhalt und der sicheren, kontinuierlichen Vermehrung unter Berücksichtigung vieler Risikofaktoren interessiert. Anleger, die noch nicht über ein Vermögen verfügen, gehen im Normalfall höhere Risiken ein und hier lauern schon die ersten Möglichkeiten eines erhöhten Rückschlagpotentials, das schon im Vorfeld vermieden werden kann.

Die meisten Anleger kennen das Anlagegespräch mit ihrem Bankberater, der nur seine hauseigenen Fondsprodukte in den Vordergrund stellt und anbietet. Hierbei lässt der Bankberater außer acht, dass mittlerweile mehr als 8 000 Investmentfonds als interessant gelten. Er kann diese gar nicht mit einbinden und anbieten. So kommt es auch, dass die meisten Anleger nicht den erfolgreichsten Fonds einer Kategorie (wie z. B. Deutschland, Europa oder Welt) im Portfolio haben, da diese nicht aus den üblichen Bankprodukten stammen und nicht vom Banker angeboten werden.

Transparenz und Analyse

Das Prinzip der Fondsinvestition kann jederzeit nachvollzogen werden, da zum Beispiel eine breite Streuung in verschiedene Aktien, an verschiedenen Märkten und in verschiedene Branchen vorgenommen wird, um am Erfolg der diversen Aktienunternehmen und deren wirtschaftlichem Zuwachs weltweit zu partizipieren.

144

Einer der fundamentalen Aspekte ist die Beurteilung der gesamt-
ökonomischen Prozesse der einzelnen Länder und den daraus
resultierenden Möglichkeiten, davon mittels Investmentfonds zu
profitieren. Im zweiten Schritt schließt sich ein sehr ausführ-
licher Analyseprozess auf der Ebene einzelner Investmentfonds
an. Damit werden die geeignetsten Fonds gefunden, die die
strengen Auswahlkriterien der V.M.Z. erfüllen. Auf diesem Weg
ist der fundamentale und analytische Ansatz der Strategieent-
wicklung für jeden einzelnen Kunden nachvollziehbar und sach-
lich zu dokumentieren. Genau bei diesem wesentlichen Punkt
setzt die V.M.Z. ihr Betreuungskonzept an, um dem Kunden alle
Möglichkeiten anzubieten. Jeder Anleger kann mit der Zschaber-
StrategieDefensiv | Balance | Dynamic® ein auf ihn abgestimm-
tes Anlagekonzept erhalten. In einem Anlageberatungsgespräch
wird der Anleger hinsichtlich seiner Erwartungshaltung, seiner
persönlichen Risikoneigung, seiner individuellen Anlageziele
und seiner bisherigen Erfahrungen mit Wertpapieren befragt, bevor im zweiten Teil des Gesprächs der Ablauf an der Börse bzw.
die Systematik der internationalen Kapitalmärkte sehr ausführ-
lich erläutert wird.

Das Gebiet der Investmentfondsanlage bietet die verschiedensten
Möglichkeiten und Varianten. Wichtigster Ansatz ist und bleibt
die individuelle Kundenberatung, denn nur darüber kann der
Fahrplan für Ihr Vermögen und Ihre gesicherte Zukunft erstellt
werden. Diesem Ansatz werden wir in unserer Kundenbetreuung
gerecht.

Die Fachkompetenz der V.M.Z. wird durch unsere umfangreiche
Medienpräsenz fortlaufend bestätigt: Sie können uns zum Bei-
spiel regelmäßig in der n-tv Telebörse oder im n-tv Investment-
Check sehen bzw. in renommierten Printmedien wie Wirtschafts-
woche, FAZ, Handelsblatt, Welt am Sonntag, Manager Magazin,
Financial Times Deutschland etc. über uns lesen.

In unserem Haus stehen Ihnen unsere Beraterinnen und Berater
für eine eingehende, umfangreiche und kostenfreie Beratung zur
Verfügung.

145

Gerne können Sie im Vorfeld telefonischen Kontakt mit uns aufnehmen. Über unser Sekretariat werden Sie mit einer Beraterin oder einem Berater verbunden, die/der Ihnen am Telefon schon grundlegende Informationen geben kann. Für ein persönliches Gespräch in unserem Haus können Sie sich nach Absprache mit unserem Sekretariat gern einen Termin geben lassen.

Das V.M.Z. Team steht Ihnen von Montag bis Freitag von 9 bis 18 Uhr für ein Gespräch zur Verfügung.

Die ZschaberStrategien®

A. Vermögensverwaltung mit Investmentfonds

Privatanlegern steht heute eine Vielzahl von Möglichkeiten für die Geldanlage an den Kapitalmärkten zur Verfügung. Diese Märkte unterliegen kontinuierlich Schwankungen und die Vorhersagbarkeit der Börsenphasen wird immer schwieriger. Dazu gibt es große Qualitätsunterschiede bei den immer zahlreicher werdenden Investmentfonds: Es ist nicht nur komplizierter geworden, den zum jeweiligen Anlagebedarf und Anlageziel passenden Fonds zu finden – die strategische wie auch taktische Ausrichtung muss regelmäßig überprüft werden, um finanziell erfolgreich zu sein.

Zukunftsweisendes Konzept

Aufgrund der Veränderungen in der Finanzwelt reicht es nicht mehr aus, ein starres Fondskonzept für viele Jahre zu kaufen. Das ideale Konzept für die finanziell gesicherte Zukunft ist eine vermögensverwaltende Fondskonstruktion, die sowohl in guten als auch in schwierigen Börsenzeiten flexibel reagiert. Mit der ZschaberStrategieDefensiv, Balance und Dynamic® wird für jeden Anlagebedarf die geeignete Anlageform angeboten, gestützt auf langjähriges Know-how und bewährte Managementqualitäten. Das besondere daran: Die Vermögensverwaltungs-Fondskonzepte nach der modernen Portfoliotheorie berücksichtigt selbstverständlich alle Entwicklungen an den Finanzmärkten der letzten Jahre.

Stabilität durch Diversifikation

Neben der Rendite-Risiko-Betrachtung steht die Mischung – die Diversifikation – im Vordergrund, damit der Kapitaleinsatz ebenso sicher wie erfolgreich ist. Die laufende Analyse einzelner Zielfonds, die Bewertungen der unterschiedlichen Marktentwicklungen und zahlreiche Kontakte zu Analysten und Fondsmanagern ermöglichen die gezielte Investition in Spitzenfonds der erfolgreichsten und renommiertesten Fondsgesellschaften. Der Anleger investiert nicht in ein starres Konzept, sondern in eine vermögensverwaltende Fondsstrategie. Mit dem Vorteil, dass er in Märkte oder Anlageklassen investiert, die hervorragende Wertentwicklungen erwirtschaften und das Fondsportfolio den jeweiligen Markterfordernissen angepasst wird. So überprüft das V.M.Z. Team unter der Leitung von Markus C. Zschaber die einzelnen ZschaberStrategien® laufend auf Ertrag und Stabilität. Denn: Nichts ist so wichtig wie die sichere Vermehrung des Vermögens.

Komfortable Dienstleistung

Die richtigen Anlageentscheidungen für das private Vermögen laufend selber treffen zu müssen ist sehr arbeits- und zeitintensiv und ausgesprochen risikoreich. Die Entscheidung für die ZschaberStrategieDefensiv, Balance und Dynamic® spart nicht nur wertvolle Zeit: Die Spezialisten kümmern sich permanent um alle Details für eine erfolgreiche Investition. Umfangreiches Know-how und mehr als vierzehn Jahre wertvolle Erfahrung mit allen Kategorien von Investmentfonds sind die unverzichtbaren Grundlagen für den täglichen Umgang mit den internationalen Wertpapiermärkten.

147

B. V.M.Z.: Erfolgreiches Asset Management durch ausgezeichnete Anlagespezialisten

Die ZschaberStrategien® profitieren maßgeblich vom umfangreichen Know-how des Asset-Managementteams: Die ausgesprochen erfolgreiche Vermögensverwaltung mit Investmentfonds stellt seit Jahren die Kernkompetenz der V.M.Z. dar.

Ihr Vermögen im Mittelpunkt

Die Erhaltung und Vermehrung Ihres Vermögens steht im Mittelpunkt der V.M.Z. Tätigkeiten und den damit verbundenen, sorgfältig erarbeiteten Lösungen. Die innovativen und erfolgreichen Vermögensverwaltungskonzepte der V.M.Z. sind geprägt von langjährigem Know-how und den global orientierten Strategien von Markus C. Zschaber und seinem Team.

Die richtige Strategie

Für die Umsetzung der verschiedenen persönlichen Investitionsziele stehen unterschiedliche ZschaberStrategien® zur Verfügung. Diese gliedern sich hinsichtlich ihrer Gewichtung von eher sicherheitsbetonten und chancenorientierten Anlagen in Investmentfonds. Den ZschaberStrategien® liegt ein ausgewogenes Selektionsverfahren zugrunde. Das Besondere daran: Es werden dafür nicht nur Aktien- und Rentenfonds berücksichtigt – ebenso wird in Offene Immobilien-, defensive Misch-, Geldmarkt-, Währungs-, ABS- und Absolute Return/Total Return Fonds sowie REITs-Fonds investiert. Durch deren optimale Kombination innerhalb der von Ihnen gewählten ZschaberStrategien® ist Ihr Vermögen in Zeiten von Marktschwankungen unabhängiger und hat zudem zusätzliche Renditechancen.

Klare Definition, schlüssige Konzepte

Die übergeordnete Zielsetzung aller ZschaberStrategien® ist die individuelle und unabhängige Unterstützung der Anlageziele des

Kunden in seiner Gesamtvermögenssteuerung durch den vermögensverwaltenden Managementansatz.

Die Aufgabenstellung

Vorrangige Aufgabe ist die Herausarbeitung sinnvoller und zweckmäßiger Ansätze der Vermögensbetreuung und Vermögensverwaltung im ausführlichen Gespräch. Dieser vermeintlich einfache erste Schritt wird von Banken oft vernachlässigt. Eine klar definierte Anlagestrategie resultiert immer aus der individuellen Zielsetzung des einzelnen Kunden und dem verantwortlichen Umgang mit dessen Kapital.

Die Lösung

Die Anlagestrategien der V.M.Z. sind seit über vierzehn Jahren bewährt. Unter konstanter Beibehaltung der Grundsätze werden Modifizierungen nur dann vorgenommen, wenn die Märkte es erfordern. Mit diesem stringenten Konzept sind die Strategien und Anlagemodelle der V.M.Z. dauerhaft erfolgreich geworden. Das untenstehende Modell unterliegt in Teilen der täglichen Überprüfung und verdeutlicht in vereinfachter Darstellung die umfangreiche Vorgehensweise des Fondsmanagements. Das vom Geschäftsführer Markus C. Zschaber entwickelte System ist in seiner Art einzigartig und trägt maßgeblich zum langfrisitigen Erfolg der V.M.Z. Vermögensverwaltung bei.

Aktives Management für gute Renditen

Vermögensanlage muss aktiv betreut werden: Das übernimmt Namensgeber und V.M.Z. Geschäftsführer Markus C. Zschaber persönlich. Hintergründe und Fakten an den Börsen vermögen nur wenige kompetente Vermögensverwalter und Banken umzusetzen. Börsenexperte Markus C. Zschaber ist mit seinem Team seit mehr als vierzehn Jahren genau auf diesen Bereich spezialisiert. Die strategische und taktische Fondsausrichtung aufgrund von internationalen Kapitalmarktveränderungen stellt den aus-

149

schlaggebenden Unterschied zwischen dem Börsenlaien und Investmentprofi dar. Die V.M.Z. Fondsspezialisten suchen und finden für Sie die besten und erfolgreichsten Investmentfonds – regional und weltweit. Die verschiedenen Fondssegmente sollen Gewinne in guten und in schwierigen Börsenzeiten ermöglichen. Der Auswahlprozess der letzten Jahre im Bereich der Vermögensverwaltung hat bewiesen: Nur Fachkompetenz sichert den Kunden langfristigen Finanzerfolg.

C. Drei maßgeschneiderte Vermögensverwaltungs-Fondskonzepte bieten für jeden Anlegertyp und jedes Anlageziel das Richtige

Kurzcharakteristik

Strategiezusammensetzung und Vergleich Risiko/Ertragschancen

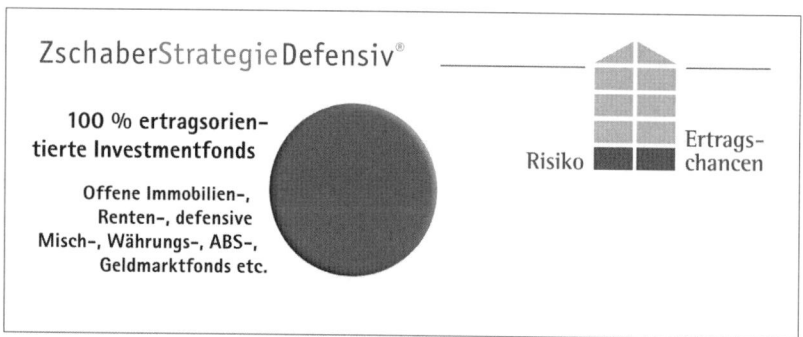

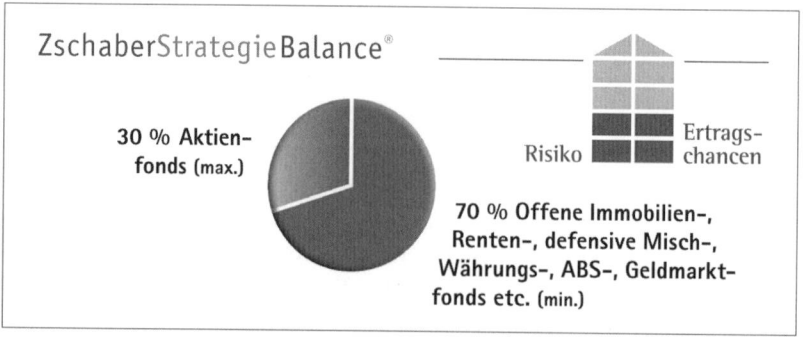

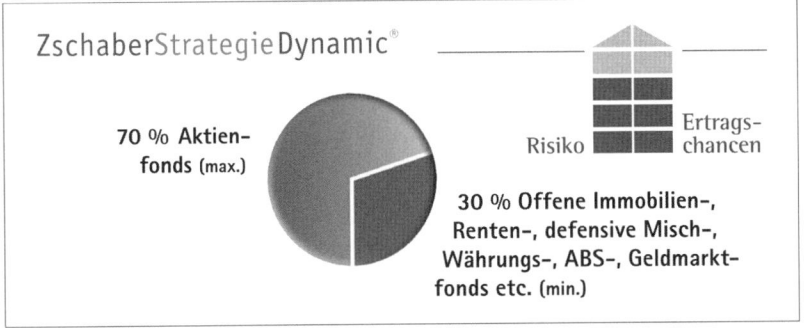

ZschaberStrategieDynamic®

70 % Aktien-fonds (max.)

Risiko

Ertrags-chancen

30 % Offene Immobilien-, Renten-, defensive Misch-, Währungs-, ABS-, Geldmarkt-fonds etc. (min.)

Vorteile:

- Vermögensverwaltung mit allen Kategorien von Investment-fonds

- Freie Wahl zwischen maßgeschneiderten Anlagevarianten für jeden Anlagebedarf

- Renommierte Fondsexpertise durch V.M.Z. Geschäftsführer Markus C. Zschaber, einen der erfolgreichsten Vermögensver-walter Deutschlands, und sein Spezialistenteam

- Regelmäßige Anpassungen innerhalb der ZschaberStrategien© an die jeweiligen Markterfordernisse

- Profitieren von den Top-Fonds führender Gesellschaften und besten Fondsmanagern der Welt: Langfristig überdurchschnitt-liche Renditen und Kapitalwachstum

- Solides wissenschaftliches Fundament ohne Abhängigkeit von Analystenmeinungen

- Jederzeit freie Verfügbarkeit über das Vermögen

Unsere Antwort auf die Abgeltungssteuer: Die ZschaberStrategien®

Die ZschaberStrategieDefensiv | Balance | Dynamic® fallen aufgrund ihres spezialisierten Fondsmantels unter die Altfall-Regelung, wenn der Kunde seine Investition vor dem 31. Dezem-ber 2008 tätigt und mindestens zwölf Monate hält. Somit ist unsere Vermögensverwaltung, die in unterschiedliche Zielfonds/ Investmentfonds investiert, bei der Realisierung von Gewinnen innerhalb unserer Fonds abgeltungssteuerbefreit.

Unser aktives Management erzielt seit mittlerweile 14 Jahren einen enormen Mehrwert gegenüber starren Fondsdepots oder Dachfonds und bietet jetzt unter dem Aspekt der neuen Gesetzgebung auch noch die Steuerattraktivität. Denn der spätere Verkaufserlös unserer Vermögensverwaltungsfonds ist auf Jahrzehnte steuerbefreit.

Vorteile im Überblick für Privatanleger:

• Der Wechsel vom privat verwalteten Depot in die V.M.Z. Vermögensverwaltungsfonds lohnt sich aufgrund der Abgeltungssteuer mehr denn je!

• Privatanleger können zukünftig ihr Depot nicht mehr steuerfrei umschichten und den Marktbegebenheiten anpassen. Die V.M.Z. Vermögensverwaltungsfonds behalten vollkommene Flexibilität bei hundertprozentiger Steuerfreiheit auf Kursgewinne innerhalb der Strategie.

• Gleichzeitig profitiert der Investor langfristig von den Vorteilen des aktiven Portfoliomanagements.

• Nutzen Sie das bewährte und vielfach ausgezeichnete Managementteam um Chefstratege Markus C. Zschaber für Ihre Vermögensanlage.

»Die rechtzeitige neue Vermögensplanung sichert Ihr Kapital für Generationen.«

Auszeichnungen und Medienpräsenz Markus C. Zschaber

a) Auszeichnungen

Markus C. Zschaber

2008 Elite-Report / Handelsblatt Sonderpreis 2008

Bester Vermögensverwalter im Bereich fondsgebundene Vermögensverwaltung

2006 V.M.Z. gehört du den besten deutschen Vermögensverwaltern (impulse 12/06)

2005 Markus C.Zschaber ist der beste Vermögensverwalter:

Doppelsieg in 2 von 3 Kategorien im Drei-Jahres-Vergleich (impulse 3/05)

2004 Erster Platz (Stichtag 24.12.04) beim gemeinschaftlichen Vermögensverwalter-Contest von Capital, n-tv und DAB Bank

2003 Ernennung zum »Fondsmanager des Monats« durch DMEuro (Verlagsgruppe Handelsblatt)

2000 Aufnahme ins »Who's who« als erfolgreichster Fondsvermögensverwalter Deutschlands

1999 Portfoliomanager des Jahres

1998 Seit 1998 regelmäßiger Fondsexperte beim Nachrichten- u. Börsensender n-tv

1997 Deutschlands bester Fondspicker

1996 Deutschlands bester Fondspicker

b) Markus C. Zschaber in der Öffentlichkeit

n-tv Referenzen

Die Redaktion des Nachrichtensenders n-tv lädt V.M.Z.-Geschäftsführer Markus C. Zschaber regelmäßig zu Interviews ein, um den Kölner Börsenexperten zu aktuellen Themen zu befragen:

»Die Abgeltungssteuer und Auswirkungen für den Anleger« (20.11.2007)

»Die Bankenkrise in England« (18.09.2007)

»Hintergründe zur Hypothekenkrise in den USA« (10.08.2007)

»Klimawandel und die folgen für die Wirtschaft« (17.04.2007)

»Aktien-, Rohstoffe und Immobilienfonds« (29.11.2006)

»Die BRIC Staaten und deren Entwicklungspotenzial« (11.07.2006)

»Investieren in die Wüstenbörsen wie z.B. Dubai« (28.03.2006)

»Die Chancen des DAX und des Landes Indien« (21.02.2006)

»Mail in mit Markus Zschaber, »Die richtige Anlagestrategie«« (18.11.05)

»Rohstofftrends, wie sollten Anleger jetzt investieren?« (21.04.05)

»Anlagestrategien unter Einbindung der asiatischen Märkte« (08.03.05)

Vermögensverwalter-Contest: »V.M.Z. seit Monaten auf Platz 1« (18.11.04)

»Möglichkeiten von Hedgefonds« (22.07.04)

»Quartals-Analyse 2004« (11.05.04)

»Sommerfit mit Nebenwert-Strategie« (08.04.04)

»Fondsgesellschaften-Vergleich« (05.02.04)

»Börsenausblick 2004« (22.12.03)

154

»Bewertung der Kapitalmärkte« (07.08.03)

»Börsenprognose für die USA« (19.06.03)

»Investment-Chancen 2003« (09.01.03)

»Total Return Investments« (14.11.02)

Call in: »Richtig anlegen mit Investmentfonds« (30.08.02)

Call in: »Die richtigen Fonds für den Börsenanstieg« (24.05.02)

Call in: »Richtig anlegen mit konservativen Anlagestrategien« (15.03.02)

Call in: »Jahresrückblick & Ausblick« (28.12.01)

Call in: »Großes Live-Interview mit Telefonaktion« (07.09.01)

»Die 30 000 Euro-Anlage« (24.05.01)

(Auszüge aus mehr als 130 geführten Interviews von Markus C. Zschaber beim Nachrichtensender n-tv.)

André Kostolany beim Kölner Investment Kongress der V.M.Z. 1998:

»Stellen Sie sich vor, ein Mann geht auf einer Landstraße. Er hat seinen Hund dabei. Geht der Mann zu langsam, rennt der Hund vor. Dann wartet er, bis der Mann aufgeschlossen hat, und bleibt zurück. Dann sieht er den Mann entschwinden und rennt, bis er ihn eingeholt hat. Der Mann geht sein Tempo weiter und ist dem Hund zu langsam. Wieder rennt er vor und wartet, bis der Mann ihn einholt, und so weiter. Der Mann ist die Wirtschaft, der Hund ist die Börse. Eine Anekdote, die ich bereits vor 20 Jahren gebraucht habe und die immer noch gültig ist.« »Prinzipiell bin ich ein großer Freund von Investmentfonds. Anleger sollten auch Fondsanleger sein, da dies einfacher ist, als einen einzelnen Wert zu beachten. Sie sollten allerdings wissen, wer ihren Fonds managt. Genauso, wie ein großer Koch aus Kleinigkeiten etwas machen kann, während der Stümper auch feinste Zutaten zugrunde richtet...«

155

Die Prinzipien von Markus C. Zschaber (im Wirtschaftsfernsehsender *n-tv*)

Habe immer genug Zeit für dein Investment: Mindestens fünf Jahre müssen eingeplant werden. Gehe keine großen Risiken ein und nutze die Chancen und Möglichkeiten in etablierten Märkten. Spekuliere nicht mit unbekannten Unternehmen und unbekannten Investmentfonds, sondern verlasse dich auf alteingesessene Gesellschaften, deren Strategien schon langfristig nachvollziehbar und bewährt sind. Strebe nicht nach dem Unmöglichen, sondern gebe dich mit sechs bis zehn Prozent pro Jahr im Durchschnitt von fünf Jahren zufrieden.

Markus C. Zschaber: Mit Sicherheit erfolgreich (DMEuro, Ausgabe 8/2003)

Gratulation, Markus C. Zschaber! In schwierigen Zeiten so erfolgreich und besonnen zu sein beweist Klasse. Ihr Depot beim DMEuro-Vermögensverwalter-Contest steht nicht nur mit Abstand auf Platz eins. Sie vermelden auch noch als einziger der 23 Teilnehmer eine schwarze Zahl. Besonders hervorzuheben: Acht von elf Fonds schneiden bislang in Ihrem Depot positiv ab; eine einmalig hohe Quote, die für eine Auswahl mit Augenmaß spricht. Der Vermögensverwalter aus Köln liegt nicht nur im Spiel vorn. »Vor vier Jahren, im Technologie-Boom, waren wir für viele Anleger nicht die erste Wahl«, sagt Zschaber. »Aber heute ist unser defensiver Anlagestil gefragt, und das sogar bei institutionellen Investoren.« Dass auch die institutionellen Investoren den Weg an den großen Fondsgesellschaften und Banken vorbei zu privaten Vermögensverwaltern finden, ist höchst selten und spricht für den erstklassigen Ruf, den Zschaber in Fachkreisen genießt. Vor allem im Rentenbereich gilt er als Experte. EMP

Die besten Vermögensverwalter

(*impulse*, 03/05) Von Karl-Werner Horn

150 Fondsdepots im Vergleich. Die besten Vermögensverwalter erzielen stattliche zweistellige Renditen.

156

Wer mehr aus Ihrem Geld macht. Der große impulse-Vermögens-verwalter Test 2005 bringt es an den Tag: Anleger, die auf Fonds setzen, müssen sich nicht mit durchschnittlichen Renditen zufrieden geben. Vorausgesetzt, Sie haben den richtigen Vermögens-verwalter. (...) Der Test, den impulse jetzt zum sechsten Male durchführte, ist einmalig in seiner Art. Recherchiert wurde bei mehr als 50 Anbietern – darunter die Vermögensverwalter der Deutschen, Dresdner, Commerz- und HypoVereinsbank sowie die führenden Fondsanbieter wie DWS, Deka oder Union. Insgesamt untersuchte impulse über 150 Fondsdepots, von denen 133 in die Wertung kamen. Wer die Profis für sich arbeiten lassen will, muss nicht über riesige Beträge verfügen. (...) Wer sich für »konservativ« entscheidet, investiert meist höchstens zu 40 Prozent in Aktien. »Ausgewogen« ist die Anlage, wenn sie aus 40 bis 60 Prozent Firmenanteilen besteht. (...) Für alle drei Risikoklassen hat impulse die Renditeergebnisse der vergangenen drei Jahre abgefragt. »Denn wer sein Geld in Fonds anlegt, darf nicht nur auf kurzfristige Erfolge aus sein«, erläutert Markus C. Zschaber von der V.M.Z. Vermögensverwaltung. »Was zählt, ist der langfristige Erfolg.« Den kann der Kölner vorweisen. Beim impulse-Vergleich belegt er in allen drei Kategorien Spitzenplätze. Die Kölner Vermögensverwaltung V.M.Z. ist der überlegene Sieger im aktuellen impulse-Test. Sie führt nicht nur die Langzeitwertung der risikoarmen Anlagestrategie an. Auch bei den ausgewogen agierenden Depots liegt die Mannschaft um Geschäftsführer Zschaber an der Spitze.

Stiftungen – Sicherheit geht vor

(*Financial Times,* 08.05.07) Von Heino Reents

Es ist ein bisschen wie die Quadratur des Kreises: Stiftungen wollen einerseits bei der Vermögensanlage kein Risiko eingehen. Hauptsache, es geht kein Geld verloren. Das Stiftungsvermögen soll real erhalten bleiben, heißt die oberste Devise. Auf der anderen Seite aber werden möglichst hohe laufende Erträge benötigt, um den eigentlichen Zweck der Stiftung zu finanzieren. (...) »Es gibt bei Stiftungen ein ganz klares Anlageuniversum«, sagt Markus C. Zschaber, Portfoliomanager der V.M.Z. Vermögensverwaltung in Köln. 80 Prozent konservative Anlageklassen wie Renten-, Absolute Return- oder Offene Immobilienfonds und nur maximal 20 Prozent Aktienfonds – so lauten in der Regel die Vorgaben der Stiftungen. Und auch da ist das Universum oft eingeschränkt: »Es sollten bei Aktien etablierte Volkswirtschaften sein. Asien kommt nicht infrage, auch nicht Osteuropa oder Lateinamerika, außer die Stiftungen wollen Ihr Vermögen konservativ angelegt wissen, für ihre Anliegen wären hohe Renditen aber besser Stiftung wünscht diese dynamischen Risikomärkte«, sagt Zschaber, der das Vermögen mehrerer großer karitativer Stiftungen betreut. (...) Stiftungen arbeiten für die Ewigkeit und wollen ihr Geld auch so angelegt wissen – das ist der Unterschied zur in der Regel eher kurzfristig ausgelegten Strategie vieler Kleinanleger. »Bei Privatanlegern steht oft die Gier im Vordergrund und nicht die Vernunft«, so Vermögensverwalter Zschaber.

Bulle gegen Bär – wohin geht der Deutsche Aktienindex?

(*WAMS* 17.06.07)

Der Dax nimmt einen neuen Anlauf auf seine alten Höchststände. Überwindet er die 8136-Punkte-Hürde diesmal, oder kündigen die momentanen Schwankungen das Ende des jahrelangen Aufwärtstrends an? Hier legen Experten ihre Sicht der Dinge offensiv und defensiv dar: Markus C. Zschaber, V.M.Z., Fondsmanager

Wie anfällig die Märkte aktuell sind, spiegelte die vorletzte Woche mit einem Minus im Dax von knapp fünf Prozent gut wieder. Meiner Meinung nach war das erst der Vorgeschmack auf das, was den Märkten im weiteren Verlauf des Jahres noch drohen könnte. Es liegen einfach zu viele Ungereimtheiten auf der Hand, die die stimulierende und kurstreibende Liquidität reduzieren könnten. Vor allem die Turbulenzen in China machen mir Sorgen. Bereits im Februar hat ein vergleichsweise unbedeutender Auslöser für eine empfindliche Korrektur an den Weltbörsen gesorgt. Inzwischen hat sich die dortige Gemengelage aber weiter problematisiert. Eine Gefahr, die von den Marktteilnehmern massiv unterschätzt wird. Dazu kommt der nach wie vor hohe Ölpreis, der die Unternehmen auf der Produktionsseite belastet. Nach den jüngsten US-Konjunkturdaten ist auch die von vielen erwartete mögliche Zinsumkehr in weite Ferne gerückt. Für problematisch halte ich auch die Kombination aus guter Stimmung am Markt, nicht mehr wirklich günstigen Aktienbewertungen und signifikant steigenden Anleihezinsen. Wer auf diesem Niveau noch Aktien kauft, der bekommt sie von denjenigen, die 2003 eingestiegen sind und damit viele hundert Prozent im Plus liegen. Wir glauben, es gibt schon sehr bald günstigere Möglichkeiten als heute, in die Aktienmärkte einzusteigen.

Deutsche verwalten ihren Reichtum falsch

(*Die Welt*, 31.08.07 – Auszug) Von Holger Zschäpitz

Berlin – Die Deutschen werden immer reicher. Wie der Bundesverband Deutscher Banken (BDB) am Donnerstag mitteilte, beläuft sich das Vermögen der Bundesbürger mittlerweile auf insgesamt 9,3 Billionen Euro – eine Zahl mit zwölf Nullen. Das ist Rekord. Soweit die gute Nachricht. Denn die Deutschen könnten durchaus noch wohlhabender sein. Durch falsches Sparen gehen ihnen jährlich Milliarden durch die Lappen. (...) »Die Deutschen sparen zu immobilienlastig«, bemängelt Markus Zschaber, Vermögensverwalter bei der V.M.Z. in Köln. Insgesamt seien die Depots zu sicherheitsorientiert strukturiert. »Wenn sich langfristig daran nichts ändert, droht vielen Deutschen wegen zu geringer Renditen die Altersarmut.« (...) In den vergangenen 15 Jahren ließen sich mit deutschen Standardwertenungeachtet des Einbruchs zur Millenniumswende und der gegenwärtigen Turbulenzen jährlich rund elf Prozent einfahren. (...) Vermögensverwalter Zschaber empfiehlt daher sogar konservativ orientierten Anlegern, ein Drittel des Vermögens in Aktien zu stecken. Rund ein Fünftel sollten Investoren in Immobilien anlegen, die restlichen 50 Prozent in risikoarme Zinsanlagen. »Die Aktienquote muss steigen«, lautet sein Fazit.

Anlagestrategien

WDR Planet Wissen
anlässlich des Weltspartags

(30.10.2007) Kerstin Hilt

PW: Deutschland gilt als Sparnation – aber legen wir unser Geld auch klug an?

M.Z.: Zuerst einmal: Dass die Deutschen eine Sparnation sind, hört man zwar immer wieder, aber ich würde as gar nicht unbedingt unterschreiben. Es kommt natürlich darauf an, wie man Sparen versteht. Wenn man nur dann spart, wenn man ins Festgeld hineingeht, mag das Etikett »Sparnation« ja ganz passend sein. Aber wenn Sparen auch Aktiensparen bedeutet, dann sind wir ganz und gar keine Sparnation! In den USA zum Beispiel, wo die Menschen sich ja schon immer weitgehend selbst um ihre Altersvorsorge kümmern mussten, ist das Sparen über Aktien viel ausgeprägter. Früher hieß es sogar mal, dort ginge jeder zweite Dollar in Aktien – da wurden zu Weihnachten teilweise keine Geschenke physischer Art vergeben, sondern Aktien von Coca-Cola und General Electric unter den Christbaum gelegt.

PW: Sie würden also raten: Statt sparen investieren – und zwar in den Aktienmarkt?

M.Z.: Als Teil einer umfassenderen Anlagestrategie durchaus. Sehen Sie, in den 50er und 60er Jahren kam der Gedanke der Lebensversicherung auf. Diverse Gesellschaften wie zum Beispiel die »Allianz« haben den Deutschen angeboten, durch monatliche Zahlungen oder auch durch eine Einmalzahlung Kapital anzusparen – mit Laufzeiten von 20, 30, manchmal 40 Jahren – und dementsprechend Zinsen dafür zu bekommen. Für jemanden, der sein Geld so angelegt hat, wäre es deutlich interessanter gewesen, damals anstatt der Lebensversicherung die Aktie der »Allianz« zu kaufen. Da hätte er am Ende einen deutlich höheren Gewinn gemacht.

Elite-Report / Handelsblatt
Platz 1 Markus C. Zschaber Sonderpreis 2008 Bester Fondsverwalter

Fonds, Fonds, Fonds ... Sie werden für viele Vermögensorientierte immer wichtiger. In unseren speziellen Ausschreibung überzeugte der Kölner Fonds-Spezialist V.M.Z. Markus Zschaber klar als Sieger. Mit dieser Leistung wird die fondsgestützte Vermögensverwaltung rehabilitiert und aufgewertet. Auf den ersten Blick gehört er eigentlich in eine andere Liga. Doch seine Resultate lassen aufhorchen. Alle Achtung. Kaum jemand kennt die Fonds so intensiv wie Markus Zschaber. Und deshalb weiß er sie einzusetzen, sie zu bündeln, um optimale Ergebnisse zu erzielen. Mit seinen unterschiedlichen Strategien wird er allen Kundenwünschen gerecht. Während normalerweise Fonds oft zu einem teuren Vermögensvehikel ausarten, hat Zschaber als Vermögensverwalter sie streng im Griff. Damit ist er sehr gut wettbewerbsfähig und noch mehr: Seine Ergebnisse können sich sehen lassen und halten jedem Vergleich stand. Der Kölner Vermögensspezialist ist eine Ausnahmeerscheinung in der Fondswirtschaft. Er ergänzt seit nunmehr 12 Jahren auf idealerweise die klassische individuelle Vermögensverwaltung. Andere, die die Fonds konsequent nutzen, können sich von V.M.Z. mehr als eine Scheibe abschneiden ... was die Performance sowie die Kosten und die Investmentkultur angeht.

Headline: Die Auswertung im Bereich der Vermögensverwaltung mit Publikumfonds brachte eine echte Überraschung: So überzeugte am besten die V.M.Z. Vermögensverwaltung um Markus C. Zschaber, die dafür den Sonderpreis 2008 der Elite Report-Jury erhält. V.M.Z. stellte als Vermögensverwalter die Privatbanken ebenso in den Schatten wie die Großbanken. Dies spiegelt sich vor allem in seiner Paradestrategie 70 % Sicherheit mit maximal 30 % Aktien wider. So erzielte beispielsweise die V.M.Z. Vermögensverwaltung in den vergangenen fünf Jahren mit dieser Strategie ein Jahresdurchschnittsrendite von über 7% nach Kosten bei einer Volatilität (Schwankungsbreite) von rund 3,5%.

161

Die Besten im Überblick:

- V.M.Z. Vermögensverwaltung
- VP Bank
- Weberbank
- Bank Schilling
- UBS, BTV
- HSBC
- DZ Privatbank
- Deutsche Bank
- Dresdner Bank, Credit Suisse
- Dr. Jens Ehrhardt
- Bremer Landesbank
- Merck Finck, LGT

c) Allgemein

Markus C. Zschaber wurde im Zeitraum 1994 bis Januar 2008 von diversen Printmedien und Fernsehmedien zitiert, befragt und auch als Experte um Ratschläge und Meinungen gebeten. Die von der V.M.Z. archivierten Beiträge umfassen mehr als 1.200 Statements von ihm im besagten Zeitraum. Gleichzeitig realisierte Markus C. Zschaber den »Ersten Kölner Investmentkongress« im Jahr 1998. Die Besonderheit hieran liegt darin, dass Börsenguru und Börsenlegende André Kostolany über eine Stunde lang referierte, um ihm einen persönlichen Gefallen zu erweisen. Es war einer der letzten öffentlichen Auftritte von André Kostolany. Im Jahr 1999 folgte der »Zweite Kölner Investmentkongress«, im Jahr 2004, 2005, 2006, 2007 die Folgeveranstaltungen, an denen mittlerweile mehr als 8.000 Interessenten teilnahmen. Im Zeitraum 1996 bis Ende 2007 veranstaltete die V.M.Z. des weiteren ca. 500 Seminare in diversen Städten in Deutschland, unter anderem als Vorreiter zum Thema »Abgeltungssteuer« und die Konsequenzen für den Anleger.

www.abgeltungssteuerseminare.de

162

Der Börse voraus

Marcus C. Zschaber

Erfolg an der Börse – das wünscht sich jeder Anleger. Einer, der es geschafft hat, ist Markus Zschaber. Seine Trefferquote ist legendär: Markus Zschaber hat mit seinen Prognosen auf n-tv so oft ins Schwarze getroffen wie kaum ein anderer. Wer dem Profi sein Geld anvertraute, machte selbst im großen Börsencrash im Jahr 2000 keine Verluste. Zschaber wich noch vor der großen Krise geschickt in Renten und Geldmarktpapiere aus. Wie Markus Zschaber solche herausragenden Erfolge erreicht und wie auch Privatanleger Fallen vermeiden und dem Markt voraus sein können, zeigt er in seinem neuen Buch »Der Börse voraus«. Der Leser erfährt, wie er in der Fülle der Geldanlagepro-dukte in Deutschland die richtige Auswahl trifft. Die Anleger lernen, echte von lediglich marketinggetriebenen Trends zu unterscheiden und zu nutzen, um ihr eigenes Vermögen zu mehren.

227 Seiten, Hardcover; Preis € 24,90 (D); € 25,60 (A); SFr 44,00; ISBN 978-3-89879-401-5

Mit Sicherheit erfolgreich

Marcus C. Zschaber

Ob 5.000 Euro Vermögen oder 5 Millionen – jedem, der sich etwas auf die Seite gelegt hat, stellt sich die gleiche Frage: Wie lege ich mein Geld richtig an? Der bekannte Vermögensberater Markus Zschaber gibt darauf Antworten. Er nimmt den Leser an die Hand und führt ihn von den Anfangsgründen der Finanzmärkte bis zu konkreten Strategien. Als langjähriger erfolgreicher Vermögensverwalter erklärt er seinen Lesern, wie ein Depot aufgebaut wird, wie eine Strategie umgesetzt wird und wie diese auch in schwierigen Zeiten durchgehalten wird – und alles mit jedermann zugänglichen Instrumenten. Zschaber umgeht Fachjargon und unterhält lieber mit Anekdoten aus seinem Erfahrungsschatz.

Fehleinschätzungen von Fondsgesellschaften regen nicht nur zum Schmunzeln, sondern auch zum Nachdenken an. Schließlich soll kein Leser deren Fehler wiederholen.

208 Seiten, Hardcover; Preis € 29,90 (D); € 30,80 (A); SFr 49,90; ISBN 978-3-89879-116-8